AV·F·AN·SAL·MCCCCLXX

KATHEDRALEN

KATHEDRALEN

DIE SCHÖNSTEN KIRCHENBAUTEN AUS 1700 JAHREN

Herausgegeben von Rolf Toman
Text: Barbara Borngässer
Fotografien: Achim Bednorz

Parragon
Bath · New York · Singapore · Hong Kong · Cologne · Delhi · Melbourne

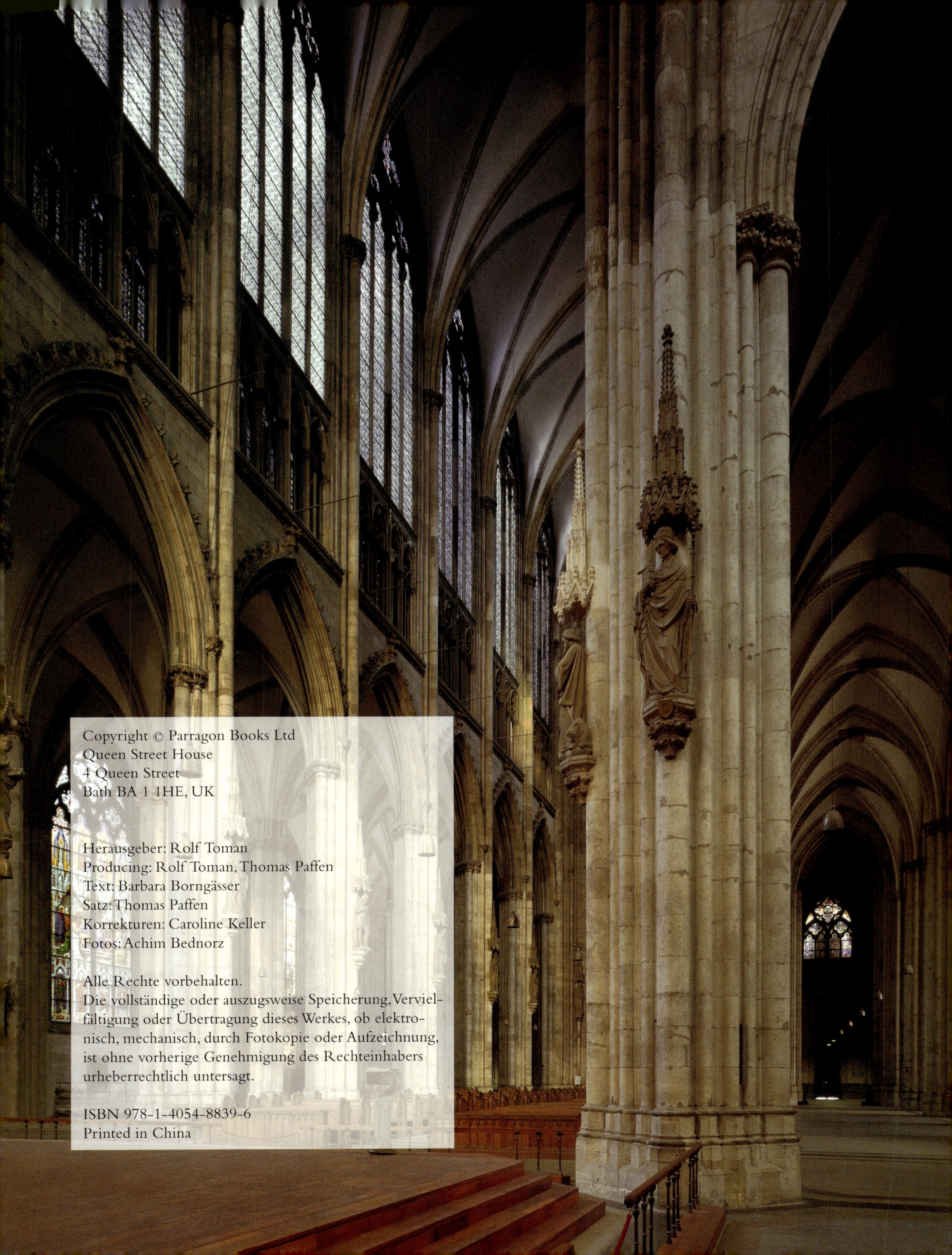

Queen Street House
4 Queen Street
Bath BA 1 1HE, UK

Herausgeber: Rolf Toman
Producing: Rolf Toman, Thomas Paffen
Text: Barbara Borngässer
Satz: Thomas Paffen
Korrekturen: Caroline Keller
Fotos: Achim Bednorz

ISBN 978-1-4054-8839-6
Printed in China

INHALT

S. 2: **Straßburg,** Münster, 1250–75, Fassadendetail.

S. 4: **Köln,** Dom, beg. 1248, Mittelschiffwand.

VORWORT DES HERAUSGEBERS

Unter den Bauaufgaben des europäischen Mittelalters, das mit einer Zeitspanne von ca. 1000 Jahren den größten Anteil in diesem Band beansprucht, steht der christliche Kirchenbau an erster Stelle. Überragend an Größe und Pracht sind im Gesamtbild der zahlreichen Kirchenbauten des Mittelalters (bis auf einige Ausnahmen) die großen Kathedralen, in Deutschland und Italien Dome, im süddeutschen Sprachraum auch Münster genannt. Damit sind zunächst und im strengen Wortsinne Bischofskirchen gemeint. Cathedra bezeichnet den thronartigen Sitz des Bischofs beim Pontifikalamt, der zugleich Symbol der hervorgehobenen bischöflichen Position in der kirchlichen Ämterhierarchie ist. Dom oder Münster hat man aber auch Kirchen ohne Bischofssitz genannt, Pfarrkirchen und in einzelnen Fällen auch Klosterkirchen, um ihnen ihrer Größe oder ihrem künstlerischen Rang entsprechende Ehrentitel zukommen zu lassen.

Unvorstellbare Steinmassen wurden in den drei Jahrhunderten – von 1050 bis 1350 – herbeigeschafft und bearbeitet, um allein in Frankreich »80 Kathedralen, 500 große Kirchen und einige zehntausend Pfarrkirchen« zu bauen. Der Mittelalter-Spezialist Jean Gimpel spricht von mehreren Millionen Tonnen, die da bewegt wurden, und weist darüber hinaus auf die beträchtliche Fläche hin, die die zahlreichen Gotteshäuser in den mittelalterlichen Städten einnahmen: »Die Kathedrale von Amiens war mit einer Fläche von 7700 m² so groß, dass es der gesamten Stadtbevölkerung von ungefähr 10 000 Menschen möglich war, an ein und derselben Zeremonie teilzunehmen.«

Kamen denn je so viele Menschen in die Kirchen? mag der skeptische Zeitgenosse von heute fragen. Eine Antwort darauf finden wir bei Suger, dem Abt und Initiator des Neubaus der königlichen Abteikirche von Saint-Denis: »Oft war die Basilika an Festtagen so voll, dass die Menschenmengen wieder aus den Türen hinausquollen. (...) So erstaunlich es auch ist, aber manchmal konnte man ein derartiges Drängen der Massen nach hinten gegen jene beobachten, die gerade eintraten, um die heiligen Reliquien – den Nagel und die Dornenkrone des Heilands – zu ehren und zu küssen, dass niemand unter den Tausenden von Menschen auch nur den geringsten Schritt tun konnte, so eng waren sie aneinandergepresst.« – Festtage dieser Art gab es im Mittelalter häufig genug. Ein solcher Andrang ist heutzutage allenfalls noch bei einem wichtigen Staatsbegräbnis oder bei der Ostermesse vor St. Peter zu erwarten. Erst vor dem Hintergrund des mittelalterlichen Glaubenseifers wird die ungeheure Anstrengung nachvollziehbar, die die Menschen damals auf sich nahmen, um die zahlreichen gewaltigen Gotteshäuser zu bauen. Tatsächlich trugen sie nicht nur durch Spenden zum Bau der Kirchen bei, sondern auch tatkräftig selbst, indem sie Karrendienste und andere unentgeltliche Hilfsarbeiten leisteten. Selbst Adlige sollen in dieser Weise aktiv gewesen sein. Frömmigkeit und Begeisterung waren also im Mittelalter nicht zu unterschätzende Antriebskräfte.

Es gibt aber auch andere, wirtschaftliche, Gründe für den Bauboom. Die meisten Großprojekte – dazu zählen auch einige Kirchen der sog. Bettelorden, d. h. Klosterkirchen der Franziskaner und Dominikaner – wurden in den aufstrebenden Städten gebaut, wo eine arbeitsteilig mehr und mehr sich ausdifferenzierende Gesellschaft zu Geld gekommen war. Die Kirche stand dem neuen, städtischen Gewinnstreben eher feindlich gegenüber, wusste sich den wachsenden Reichtum gleichwohl zu Nutze zu machen. Nicht unbedingt strategisch und mit hinterlistigen Absichten, sondern ganz der Logik des Tauschhandels zwischen irdischen Gütern und himmlischen Heilskräften entsprechend, die zum Bestand allgemeinen religiösen Denkens gehörte. Andernfalls wäre das Verfahren ja gar nicht erfolgreich gewesen. Man belastete die zu Reichtum Gekommenen mit Schuldgefühlen und entlastete sie – zur Wiedergutmachung ihrer Sünden – mit der Verpflichtung, Teile ihres Vermögens oder ihrer Hinterlassenschaft frommen Zwecken zukommen zu lassen. Dazu gehörte auch der Bau von Kirchen. – Das war aber nur die eine Seite der Medaille.

Auf der anderen Seite gab es auch so etwas wie mittelalterlichen Bürgerstolz, der Spendenbereitschaft mobilisierte. Das Bürgertum, das in den Städten zu vormals nie gekannten Freiheiten gekommen war, war stolz auf die Pracht seiner Städte, seiner Häuser und nicht zuletzt auf die Größe und Herrlichkeit der Kirchen. Hohe Kirchtürme von Kathedralen und Pfarrkirchen kündeten weit ins Land vom Rang des Gotteshauses. Auch das Innere der Kirchen prunkte mit gespendeten Ausstattungsstücken. Gerne ließen sich die Geldgeber Zeichen ihrer Spendenbereitschaft setzen, in der bunten Glaspracht eines teuren Kirchenfensters etwa, einem bevorzugten Ausstattungsstück zur Selbstdarstellung, und zwar in Form eines Glasmedaillons, das den Berufsstand der Spender auswies. Ein Brot stand für das Bäckergewerbe, eine Schere für das der Schneider. Man kann diese Symbole auch als Frühform der Imagepflege begreifen.

Die städtischen Kathedralen des 12. bis 14. Jahrhunderts dominieren in diesem Band das umfangreiche Kapitel der Gotik. Als architektonische Höhepunkte christlicher Baukunst sind sie auch Titel gebend für das ganze Buch – unter dem Gesichtspunkt gebotener Kürze. Oft wird die Gotik überhaupt gleichgesetzt mit der Zeit der Kathedralen. Das ist nur in der Hinsicht zutreffend, dass der Bau der meisten und berühmtesten Kathedralen in diese Epoche fällt, wobei es jedoch zu bedenken gilt, dass auch in der Gotik die Zahl der neu gebauten Pfarr- und Klosterkirchen die der Kathedralen bei weitem überwiegt. Im Übrigen gibt es auch Kathedralen der Romanik, der Renaissance und des Barock.

Es entsprach dem Wunsch des Verlages, die wichtigsten Kathedralen nicht nur als Kirchentyp sui generis und auf den Zeitraum des Mittelalters beschränkt, sondern im Kontext einer kurzen Geschichte des christlichen Sakralbaus von der Spätantike bis heute zu behandeln. Diese Übersicht schließt selbstverständlich auch andere Kirchen wie Kloster- Pfarr- und Wallfahrtskirchen mit ein, deren bedeutendste, für diesen Band ausgewählte ebenfalls mit höchstem künstlerischem Anspruch gebaut wurden. Daher die notwendige Ergänzung des Titels: »Die schönsten Kirchenbauten aus 1700 Jahren«.

Mit 1700 Jahren ist in etwa der Zeitraum vom Toleranzedikt von Mailand im Jahr 313 – Kaiser Konstantins Freiheitsgarantie für alle religiösen Kulte – bis heute umfasst. Das Christentum, noch unter Diokletian (285–313) blutig verfolgt, erlebt im 4. Jahrhundert einen Aufstieg von der Duldung bis zur Staatskirchen-Proklamation unter Theodosius dem Großen (379–95). In dieser Zeit entstehen maßgebliche und richtungweisende Kirchenbauten wie die Grabeskirche in Jerusalem (326 begonnen) und Alt-St. Peter in Rom (326 geweiht). Obwohl Rom neben Palästina, Trier und anderen Orten noch reiche Förderung des Kirchenbaus erfährt, tritt es als Hauptstadt in der Folgezeit hinter das neue Zentrum Konstantinopel zurück. Von hier aus gehen in den nachfolgenden Jahrhunderten wichtige Impulse aus.

Wenn man die großartigen Schöpfungen des frühen Mittelalters, die nur zum Teil erhalten sind, mit denen des Hoch- und Spätmittealters vergleicht, ist man erstaunt über die frühe Blüte der Sakralbaukunst. Steht man nicht ebenso staunend und bewundernd vor der Mosaikkunst von S. Vitale in Ravenna wie vor den Kirchenfenstern von Chartres? Selbst derjenige, der sich nicht oder nur mit begrenztem historischem Rüstzeug in der Lage sieht, die religions- und geistesgeschichtlichen Gegebenheiten des byzantinischen Ravenna mit denen von Paris und den Städten der Pariser Umgebung im 12. Jahrhundert zu vergleichen, nimmt doch zumindest den vollkommen anderen »Geist« wahr, der hier wie dort sehr unterschiedliche Gotteshäuser hervorgebracht hat. Lässt sich Gleiches nicht über den Unterschied zwischen romanischen und barocken Klosterkirchen sagen? Und auch die Kirchenbauten der gelehrten, auf die Grundlagen antiker Baukunst zurückgreifenden Renaissance-Architekten sind sowohl anders motiviert als auch anders konzipiert als Zisterzienserkirchen, die dem Geist des hl. Bernhard folgen ... Welche Vielfalt bei der Umsetzung ein und derselben Bauaufgabe! Hinter allem Wandel der Formen steht immer auch ein Wandel der geistigen Auffassungen. Auch darum geht es in diesem Band, der kulturgeschichtliche Hintergründe, wenn nicht intensiv beleuchtet, so doch – in den Einführungen – wenigstens so weit in den Blick bringt, dass die Zusammenhänge zwischen den Ideen, den geistigen Strömungen einer Epoche und ihrer Sakralarchitektur in ihren Grundzügen verständlich werden.

Die Auswahl der annähernd 240 Kirchenbauten war nicht einfach. Es hätte leicht auf die doppelte oder dreifache Zahl hinauslaufen können. Bei der Vorgabe des Seitenumfangs durch den Verlag haben wir, Herausgeber und Autorin, entschieden, statt auf ein Maximum abzuzielen, die behandelten Kirchen auf eine Zahl zu begrenzen, welche der bildlichen Präsentation genügend Platz einräumt. Unsere Auswahl hat natürlich auch etwas Subjektives, ist von bestimmten Einschätzungen und ästhetischen Vorlieben geprägt. Sie ist jedoch weit davon entfernt, beliebig zu sein, da sie für jede Epoche, jedenfalls bis zur frühen Moderne, dem Kanon der gängigen Architekturgeschichten folgt und die wichtigsten Kirchenbauten berücksichtigt. Natürlich musste St. Peter in Rom aufgenommen werden, auch der Dom von Speyer, die Kathedrale von Reims, der Dom von Florenz, ein Kirchenbau von Palladio in Venedig, St. Paul's Cathedral in London, die Karlskirche in Wien, die Wieskirche, die Sagrada Familia ... Aber bei den wenigen modernen Kirchen der Zeit nach 1950 hätte die Auswahl auch anders ausfallen können.

Die Beschreibungen der Kirchen sind auf wesentliche – epochenspezifische, individuelle oder stilbildende – Elemente sowie auf die wichtigsten Daten zur Baugeschichte, zu Architekten und Auftraggebern begrenzt. Den großartigen Fotografien des bekannten Spezialisten für Sakralarchitektur, Achim Bednorz, konnte so der gewünschte Platz eingeräumt werden.

FRÜHCHRISTLICHE UND BYZANTINISCHE EPOCHE

Die Schlacht an der Milvischen Brücke, aus der der römische Kaiser Konstantin – »im Zeichen des Kreuzes« – siegreich hervorging, besiegelte den Triumph des Christentums. Noch im selben Jahr 313 wurde das Ende der Christenverfolgungen proklamiert und in Rom der Grundstein der Lateransbasilika gelegt: Sie ist römische Gemeindekirche und zugleich der erste offizielle Bischofssitz, die erste Kathedrale der Christenheit. Etwa zehn Jahre später begannen die Arbeiten an St. Peter über der Grabstätte des Apostelfürsten und Märtyrers Petrus. Mit St. Paul vor den Mauern, S. Maria Maggiore und S. Sabina entstanden im 4. und 5. Jahrhundert weitere Inkunabeln christlicher Architektur.

Ein Standardtyp christlichen Sakralbaus konnte sich bereits unter Konstantin ausbilden; er blieb im Wesentlichen bis in die Neuzeit verbindlich: Sein Grundriss zeigt ein drei- oder fünfschiffiges Langhaus, ein Querhaus und eine daran anschließende halbrunde Ostapsis. Vor der Fassade erstreckt sich ein Portalvorbau mit oder ohne Atrium.

Die Vorbilder dieser frühen christlichen Kultstätten waren indes paganen Ursprungs: Die Basilika, ein längsgerichteter, mehrschiffiger und in die Höhe gestaffelter Raum, fungierte in der Antike als Gerichtsgebäude, Empfangshalle oder Thronsaal. Der Rundbau, als *tholos* eine beliebte Form des Tempels, wurde im christlichen Bereich vor allem für Mausoleen und Memorialbauten übernommen. Die christliche Baukunst adaptierte somit traditionelle Modelle und passte sie neuen liturgischen Erfordernissen und dem Zulauf der Gläubigen an. Viele der frühchristlichen Kirchenbauten sind nur stark verändert auf uns gekommen: Der Ehrgeiz der Päpste und Bischöfe duldete keinen Stillstand. Man denke beispielsweise an die wechselvolle Baugeschichte des Petersdoms oder an Borrominis geniale, gleichwohl die Bausubstanz verschleiernden Eingriffe in das Innere der Lateransbasilika. Als Rom Ende des 4. Jahrhunderts seine Vormachtstellung verlor, bildeten sich neue Zentren. Die Teilung des Weltreichs im Jahr 395 trug dieser Entwicklung Rechnung: Fortan konkurrierten das oströmische Reich mit seiner Hauptstadt Konstantinopel (Byzanz) und das weströmische mit der Kapitale Ravenna um das Erbe des zersplitternden Imperium Romanum.

In Ravenna haben sich grandiose Zeugnisse frühchristlicher Baukunst und Mosaikdekoration erhalten. Die Wirkung dieser Basiliken und ihrer Bildprogramme strahlte bis weit in das Mittelalter aus. In dem achteckigen Backsteinbau von S. Vitale sind oströmische Einflüsse deutlich, der Kuppelbau selbst wiederum wurde für die Pfalzkapelle Karls des Großen vorbildlich.

Konstantinopel entwickelte sich unter den oströmischen Kaisern zum »Neuen Rom« und schmückte sich mit überwältigenden Kirchenbauten. Die Hagia Sophia mit ihren glanzvollen Mosaiken und der mächtigen, wie schwebend erscheinenden Kuppel ist der wohl eindrucksvollste Sakralbau des ersten Jahrtausends. Er beeinflusste den byzantinischen wie den abendländischen Kirchenbau. Sie diente, nach der Eroberung Konstantinopels durch die Osmanen, ab 1493 den prachtvollen Moscheen des Baumeisters Sinan zum Vorbild.

Rom, S. Constanza, Mausoleum der Constantia, Mitte 4. Jh., Umgang mit Gewölbemosaiken.

Links: **Ravenna,** S. Vitale, 526–47, Kapitelldetail.

Gegenüber: **Trier,** Palastaula, um 310, Blick nach Nordwesten. Der Thronsaal Kaiser Konstantins d. Gr. war repräsentatives Zentrum der Trierer Residenz. Mit 67 m Länge, 27,50 m Breite und einer Höhe von 30 m war der Ziegelbau einer der gewaltigsten Räume der Spätantike.

Rom, S. Constanza

Constantia, die Tochter Kaiser Konstantins, ließ vor den Toren Roms eine Kirche errichten, der sich ein Mausoleum für ihre sterblichen Überreste und die ihrer Schwester Helena anschloss. Der ganz mit Marmoreinlagen und Mosaiken überzogene Bau zählt zu den schönsten Zeugnissen spätantiker Memorialarchitektur: Elegante Doppelsäulen aus Granit bilden einen inneren Kreis, an den sich ein Umgang mit Kapellen und Nischen anschließt. Die Hauptachsen sind durch weitere Öffnungen akzentuiert. Auf den korinthischen Kapitellen lagern Architravteile, eine Art Kämpfer, die zu den Arkadenbögen überleiten. Der Bau besaß ursprünglich einen umlaufenden Säulenportikus.

Gegenüber oben links: **Rom,** S. Costanza, Mausoleum der Constantia, Mitte 4. Jh., Blick in den Kuppelraum.

Rom, Alt-St. Peter

Am Fuße des Vatikanischen Hügels, über dem Grab des Apostelfürsten und Märtyrers Petrus, gründete Kaiser Konstantin um 320 die Petersbasilika, die vornehmste Kirche der Christenheit. Mit einer Länge von 90 m und einer Breite von 66 m war sie zugleich die größte unter der frühchristlichen Kirchen Roms; ihr fünfschiffiges, mit Säulen gegliedertes Langhaus und das ausladende Querhaus konnten eine große Zahl von Gläubigen aufnehmen. Liturgisches Zentrum war (und ist bis heute) das Grab Petri mit dem Hochaltar an der Grenze zur Apsis. Dem Bau vorgelagert war ein weites Atrium mit Säulengängen.

Alt-St. Peter wurde ab 1506 schrittweise abgerissen und durch den neuen Petersdom ersetzt.

Oben: **Rom,** Alt-St. Peter, beg. 320, Schnitt durch das Langhaus der Basilika nach Westen, Gemälde aus dem 17. Jh., Rom, St. Peter.

Basilika und Rundbau

Die längsgerichtete Basilika und der Rundbau sind die bevorzugten Bautypen der frühchristlichen Sakralarchitektur. Beide wurden in der Antike vorgeprägt und christlichen Zwecken angepasst – die Basilika als Versammlungsraum der Gläubigen, der Rundbau als Gedenkstätte und Grabmonument.

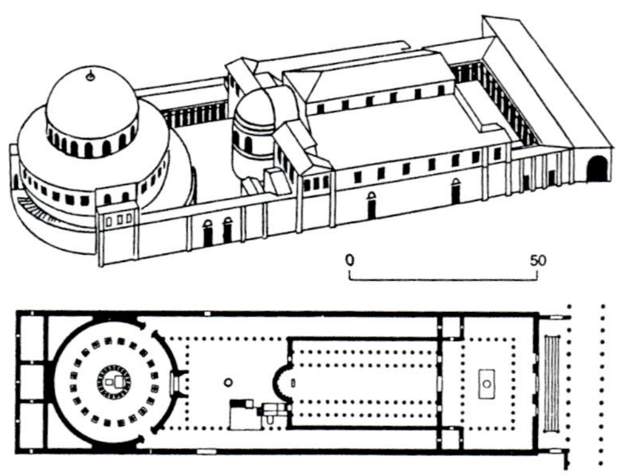

Jerusalem, Grabeskirche, beg. 326, Grundriss und Rekonstruktion des konstantinischen Baus. V.r.n.l.: Atrium, 5-schiffige Basilika, Hof mit Säulengalerie, Grabrotunde. Die überkuppelte Rotunde wurde in zahlreichen Zentralbauten kopiert.

Rom, S. Sabina

Unter den Bauten Roms vermittelt S. Sabina, dank seiner Rückrestaurierung, das getreueste Abbild frühchristlicher Sakralarchitektur. Die dreischiffige Säulenbasilika, die noch ohne Querhaus auskommt, lenkt die Schritte unmittelbar in den Chor mit dem Altar und dem (nicht erhaltenen) Apsismosaik. 20 korinthische Säulen – Spolien eines kaiserzeitlichen Baus – tragen die Hochschiffswand mit der langen Reihe rundbogiger Fenster. Das Mittelschiff ist, wie häufig, mit einer flachen Holzdecke geschlossen; die Seitenschiffe geben den Blick in den offenen Dachstuhl frei.

Neben dem eindrucksvollen Innenraum kann S. Sabina mit einem einzigartigen Zeugnis der Schnitzkunst aufwarten, den um 430 gearbeiteten Flügeln des Hauptportals mit Szenen des Alten und des Neuen Testaments.

Gegenüber oben rechts und unten: **Rom,** S. Sabina, zwischen 422 und 432, Außenansicht und Blick in den Innenraum.

Mailand, S. Lorenzo Maggiore

Mailand verdankt seinen ungewöhnlichen Reichtum an frühchristlicher Architektur dem hl. Ambrosius. Zwischen 374 und 397 Bischof der lombardischen Stadt, umgab er das römische Zentrum mit einem Ring christlicher Basiliken und Märtyrerstätten. Unter diesen nimmt S. Lorenzo eine Sonderstellung ein, denn der mit Marmor und kostbaren Mosaiken geschmückte Bau war vermutlich eine Palastkapelle der kaiserlichen Residenz. Trotz zahlreicher Umbauten im 12. und 16. Jahrhundert lässt der überwölbte Zentralbau noch seine spätantike Herkunft erkennen. Er präsentiert sich als eine Art Doppelschalenkonstruktion: Den gekurvten Mauern des Außenbaus antwortet im Inneren ein Kranz von Pfeilern, zwischen denen sich, in zwei Geschossen, ausschwingende Säulenstellungen öffnen.

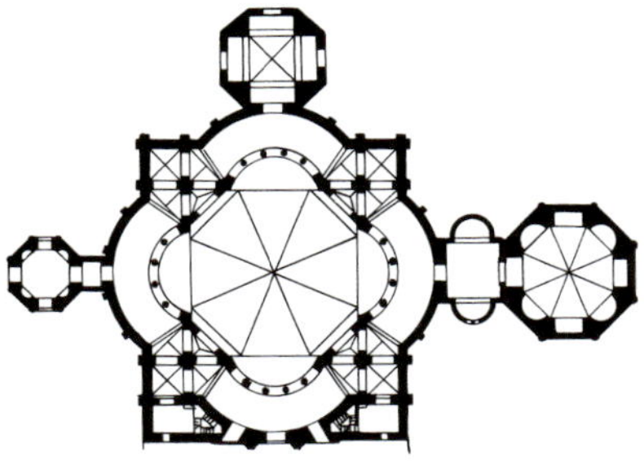

Mailand, S. Lorenzo

Thessaloniki, Hagios Demetrios

Um die Demetrioskirche in Saloniki, dem antiken Salonika, ranken sich zahlreiche Legenden. Die fünfschiffige Basilika mit Narthex, Querhaus und Emporen wurde im 5. Jahrhundert gegründet und war offenbar für eine große Schar von Gläubigen konzipiert. Sie besitzt, im Unterschied zu anderen frühchristlichen Kirchen, Säulenreihen, die durch einzelne Ziegelpfeiler rhythmisiert werden. Die Basilika ist dem hl. Demetrios geweiht, dem berühmtesten der griechischen Märtyrer und Schutzpatron der Stadt. Er soll, so heißt es, seinen Tod in der Heizanlage eines öffentlichen Bades erlitten haben; dessen Grundmauern dienten der christlichen Kirche als Substruktion.

Ein sechseckiges, Silber verkleidetes Ziborium an der Nordseite des Mittelschiffs bildete zunächst den Hauptanziehungspunkt; später »entdeckte« man eine Quelle, aus der vor dem Festtag des Heiligen duftendes Öl floss – dank eines perfekten Rohrsystems. Die Demetrioskirche brannte 1917 ab und wurde vollständig rekonstruiert.

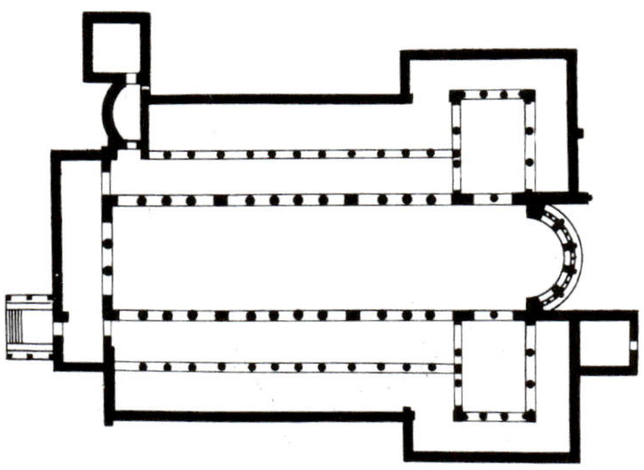

Thessaloniki, Hagios Demetrios

Ganz oben und oben: **Mailand,** S. Lorenzo, 3. Viertel 4. Jh., Blick in das Innere und Außenansicht.

Gegenüber: **Thessaloniki,** Hagios Demetrios, letztes Viertel 5. Jh., Wiederaufbau nach Brand 1917, Innenansicht nach Westen.

Ravenna, S. Vitale

Unter den frühchristlichen Zentralbauten nimmt S. Vitale in Ravenna wegen seiner großartigen Raumwirkung eine Sonderstellung ein. Der Backsteinbau geht auf eine Stiftung des Bankiers Julianus Argentarius zurück und wurde um 526 begonnen, fast gleichzeitig mit seinem unmittelbaren Vorbild, der Kirche Hagios Sergios und Bakchos in Konstantinopel. Auch er bildet ein doppelschaliges Oktogon mit Emporen und Exedren, doch sind die Proportionen in Ravenna vollkommen andere: Die Rundbogenarkaden des Inneren erscheinen deutlich in die Höhe gestreckt, über ihnen ragt die durch acht Fenster hell erleuchtete Kuppel auf.

Dem äußerlich schlichten Bau ist eine ausgedehnte Vorhalle vorgelegt; Säulen und Kapitelle stammen aus Konstantinopeler Werkstätten, im Presbyterium haben sich wertvolle Mosaikzyklen erhalten. Im Zentrum des Gewölbes erscheint das Lamm Gottes als Symbol christlichen Triumphs.

Oben und unten: **Ravenna,** S. Vitale, 526–47, Detail der Mosaikdekoration im Presbyterium: Der Hofstaat Kaiser Justinians; Außenansicht.

Gegenüber: **Ravenna,** S. Vitale, 526–47, Blick in das Innere des Oktogons nach Nordosten, rechts das Presbyterium.

Istanbul, Hagia Sophia

»Salomo, ich habe dich übertroffen!« Mit diesen Worten soll der oströmische Kaiser Justinian die Vollendung der Hagia Sophia kommentiert haben. Tatsächlich durfte sich der Herrscher rühmen, ein dem biblischen Tempel mindestens ebenbürtiges Werk veranlasst zu haben: Der grandiose Bau mit der auf vier massiven Pfeilern lastenden Hauptkuppel wurde bereits von seinen Zeitgenossen als »unaussprechlich schön« gefeiert. Das Gold der Mosaiken, die Weite des Raumes und nicht zuletzt die kühne Durchfensterung der Kuppel ziehen den Betrachter einst wie jetzt in Bann.

Die Hagia Sophia wurde 532 begonnen, nachdem ihr Vorgängerbau bei einen Aufstand zerstört worden war. In nur fünf Jahren errichteten die Architekten Anthemios von Tralleis und Isidoros von Milet das typologisch zwischen Zentralbau und Basilika changierende Bauwerk. Allerdings stürzten 558 Teile der Hauptkuppel ein, so dass deren Konstruktion erneuert werden musste.

Gegenüber und oben: **Istanbul,** Hagia Sophia, Anthemios von Tralleis und Isidoros von Milet, 532–37, Gesamtansicht und Blick in den Innenraum.

KAROLINGISCHER, OTTONISCHER UND ROMANISCHER SAKRALBAU

Die Zeitspanne zwischen Spätantike und hohem Mittelalter galt lange als »dunkles Zeitalter«, die Kunst zwischen römisch und romanisch als »barbarisch«. Inzwischen hat man erkannt, dass die Jahrhunderte zwischen dem Zerfall des römischen Weltreiches und der Neuordnung Europas nach der Jahrtausendwende eine überaus fruchtbare Phase darstellten. Die einstige »Zwischenzeit« präsentiert sich nunmehr als Epoche historischer Kontinuität, als Brücke zwischen Antike und Neuzeit.

In Zeiten, da sich die Mächte des Abendlandes neu ausrichteten und der christliche Glaube mit Wort und Gewalt verbreitet wurde, geriet der Sakralbau zum politischen Signal. Nicht umsonst hatte sich Karl der Große durch Papst Leo III. die Krone aufsetzen lassen – nun beschworen Kathedralen und Klöster, Pfarrkirchen und Pfalzkapellen die Allianz zwischen Kirche und Reich.

Den grandiosen Auftakt dieser Epoche bildete die Pfalzkapelle in Aachen, in der Architektur und Ausstattungskunst der Antike wie des frühen Christentums programmatisch wiederauferstanden. Auch die mächtigen Abteikirchen karolingischer Zeit signalisierten herrschaftliche Ansprüche; zugleich bildeten sie mit dem wehrhaften Westwerk und der Krypta Typen aus, die für die kommenden Jahrhunderte verbindlich wurden.

Nach dem Zerfall des Karolingerreiches knüpften die salischen, ottonischen und staufischen Herrscher an die Baukunst des 9. Jahrhunderts an: Die Dome von Speyer, Mainz und Worms dienten erneut der Zurschaustellung kaiserlicher Macht. Sie entstanden zu einer Zeit, als in Frankreich bereits mit dem »gotischen« System experimentiert wurde. Mit der Klosterkirche St. Michael in Hildesheim gelang ein bedeutender Schritt zur Durchgliederung des Kirchenraums: Das »gebundene System«, das den Grundriss des Baus aus dem Maß seines Vierungsquadrats ableitet, legte den Grundstock für die Strukturprinzipien der romanischen Architektur.

Die enge Verknüpfung von klerikaler und säkularer Macht rief Gegner auf den Plan: Im burgundischen Kloster Cluny sammelte sich die Bewegung derjenigen, die einzig den Papst als geistliche Autorität anerkennen mochten. Die Mönche des Cluniazenserordens gründeten in kurzer Abfolge drei Abteien, die dem europäischen Sakralbau wichtige – nunmehr französische – Anregungen lieferten, etwa die Tonnenwölbung und die Neugliederung des Wandaufrisses. Auch die sog. Pilgerkirchen, die den Weg nach Santiago de Compostela säumten, experimentierten mit dem von Cluny geprägten Typus. Im 12. Jahrhundert waren es die Zisterzienser und das von ihnen geforderte Ideal der Schlichtheit, die der mittelalterlichen Baukunst neue Impulse verliehen.

Daneben gab es eine Vielfalt anderer Entwicklungen: So »kopierten« die spanischen Ritterorden die Stätten des Heiligen Landes, über Venedig drangen byzantinische Formen ins Abendland vor, in der Toskana bevorzugte man Marmorverkleidungen und antikisierende Motive. Die Normannen entwickelten einen eigenen monumentalen Baustil, der sich von der Normandie bis nach England und schließlich sogar bis nach Sizilien durchsetzte.

Oben: **Kleinkomburg,** ehem. Klosterkirche St. Ägidius, 12. Jh. Dieser schmucklose Kirchenraum entspricht der heutigen Vorstellung einer romanischen Kirche. Er lässt aber vergessen, dass viele romanische Kirchen, zumindest teilweise, farbig ausgestaltet waren.

Links: **S. Pere de Rodes,** ehem. Klosterkirche, 11. Jh., Kapitelldetail.

Gegenüber: **Vézelay,** ehem. Abteikirche Ste-Madeleine, Hauptportal, 1125–30. Zahlreiche mittelalterliche Kirchenportale zeichnen sich durch einen reichen skulpturalen Schmuck aus. Im Tympanon von Vézelay wird das Pfingstwunder thematisiert. Häufiger wurde der damalige Kirchenbesucher mit dem »Jüngsten Gericht« konfrontiert, um der Allmacht Gottes gewärtig zu sein.

Pablo de la Riestra
Formenkunde Romanik / Kirchenbau

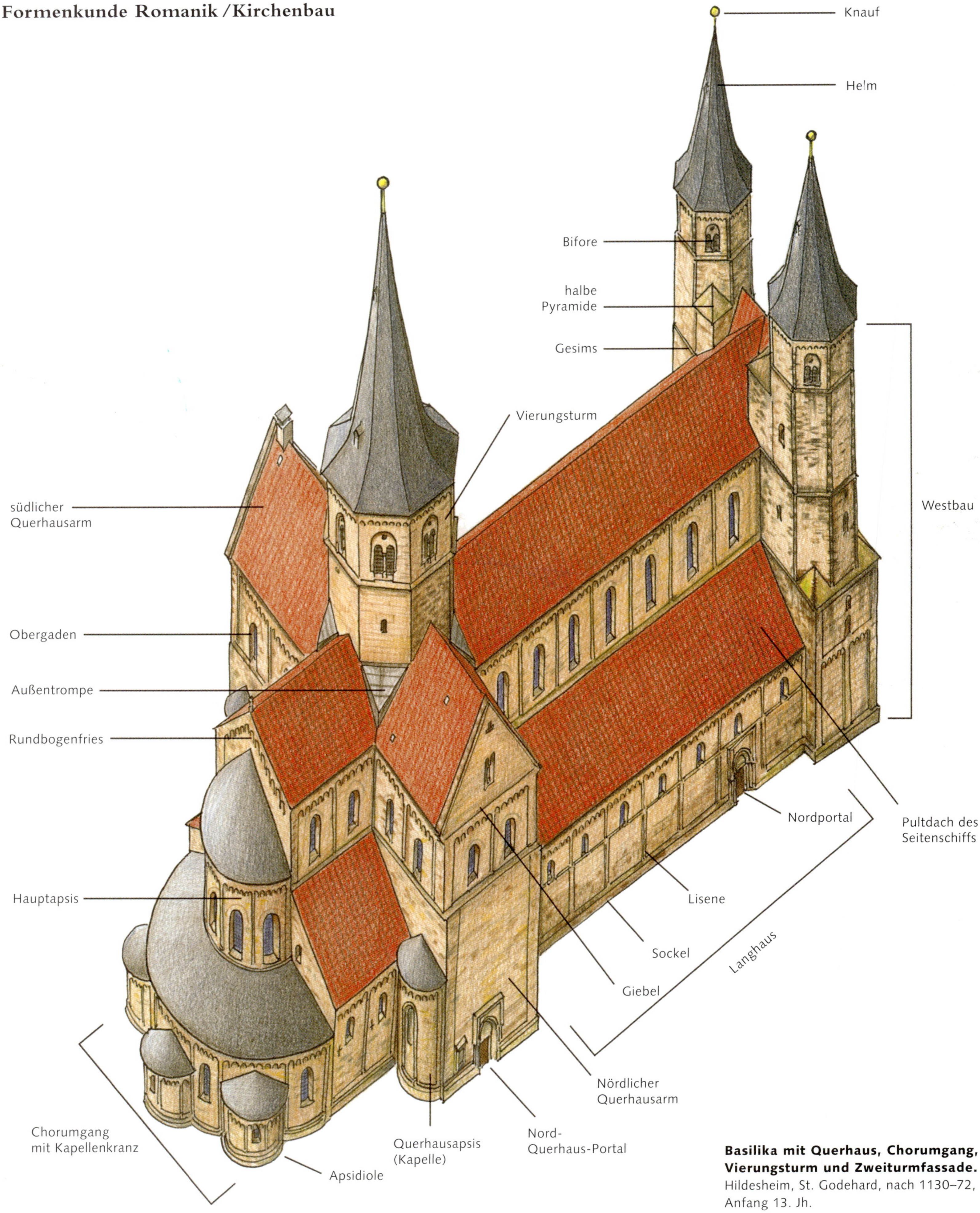

Basilika mit Querhaus, Chorumgang, Vierungsturm und Zweiturmfassade.
Hildesheim, St. Godehard, nach 1130–72, Anfang 13. Jh.

Romanische Basilika
Axonometrie, Grundriss, Wandaufriss

Axonometrie (mit Einblick ins Kircheninnere)

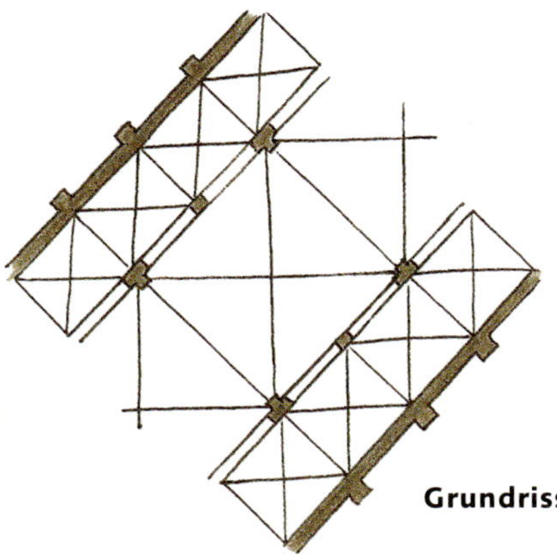

Grundriss

Wandaufriss (im Längsschnitt)

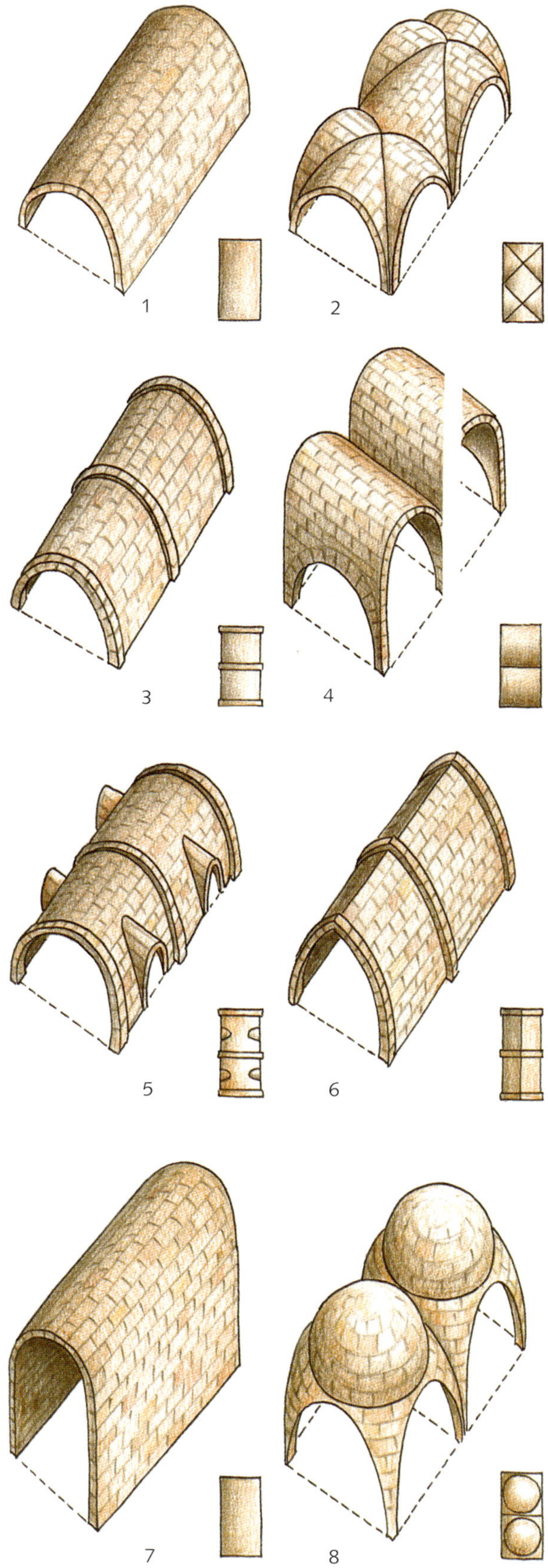

Romanische Gewölbeformen

1 Tonne
2 Kreuzgratgewölbe
3 Tonne mit Gurtbögen
4 Quertonnen
5 Tonne mit Gurtbögen und Stichkappen
6 Spitztonne mit Gurtbögen
7 gestelzte Tonne
8 Kuppelgewölbe mit Pendentifs

Links: **Aachen,** Münster, ehem. Pfalzkapelle, Weihe 800, Blick in das Innere des Oktogons, das Motive aus S. Vitale in Ravenna aufnimmt.

Oben: **Müstair,** Benediktinerkloster St. Johann, um 800, Ansicht von Südost mit spätgotischem Glockenturm und Turm der Äbtissin.

Unten: **Lorsch,** Torhalle des Atriums der (zerstörten) Abteikirche St. Nazarius, Weihe 774. Antiker Dekor prägt die Fassade.

Der karolingische Sakralbau

Die Krönung Karls des Großen durch Papst Leo III. zog einschneidende Veränderungen im Kirchenbau nach sich. Nach den Wirren der Völkerwanderungszeit, in der nur wenige dauerhafte Kulträume errichtet wurden, sollte der Sakralbau die kommenden Jahrhunderte quantitativ wie qualitativ dominieren. Darüber hinaus fiel ihm eine neue, weltliche Rolle zu: Hatte er zuvor dem christlichen Kult und der Verehrung der Märtyrer zu dienen, übernahm er nun zunehmend politische Aufgaben – Pfalzkapellen, Pfarr- und Klosterkirchen, nicht zuletzt die Kathedralen, die Bischofskirchen, wurden steinerne Zeugen eines Kaisertums, das sich als Erbe des römischen Imperiums verstand. Eine entscheidende Rolle spielte die Bautechnik: Waren zwischen dem 5. und dem 8. Jahrhundert in Mitteleuropa meist ungewölbte Holzbauten entstanden, so wurde nun der massive Steinbau *more romano* quasi zum Reichsstil.

Der doppelte Bezug auf das Römische Reich und die Römische Kirche ließ die Kultur der Antike wiederauferstehen. Spolien aus Rom und Ravenna schmückten den Kirchenraum, spätantike Bautypen und Dekorationsformen standen bei seiner Errichtung Pate.

Inbegriff dieser »karolingischen Renaissance« ist die Palastkapelle der Aachener Pfalz, die ihrerseits zahlreichen mittelalterlichen Zentralbauten zum Vorbild diente. Ihren Kern bildet ein überkuppeltes Oktogon, das von einem 16-seitigen, zweigeschossigen Umgang umfangen wird. Die Torhalle von Lorsch erinnert an römische Triumphbögen; ihre aufwändige Fassadengliederung mit Säulen und Pilastern verrät die Kenntnis klassischer Säulenordnungen.

Die frühchristliche Basilika mit ihrer Längsausrichtung, der Zentralbau mit Annexräumen, die Krypta – sämtlich in der Bau-

kunst des Römischen Reiches geprägt – wurden den neuen liturgischen Forderungen angepasst und räumlich differenziert. Ein prägnantes Beispiel ist das Benediktinerkloster St. Johann in Müstair (Graubünden), eine Gründung Karls des Großen: Die Saalkirche mit ihren drei Apsiden nimmt vermutlich oströmische Raumformen auf. 1896 entdeckte man in ihr den wichtigsten erhaltenen Bilderzyklus der Zeit um 800.

Als karolingische Neuschöpfung gilt das monumentale, von zwei Türmen flankierte Westwerk, wie es in der ehemaligen Abteikirche von Corvey eindrucksvoll erhalten ist. Integraler Bestandteil dieses dem Kirchenschiff vorgelagerten, äußerst wehrhaft wirkenden Bauglieds ist eine doppelgeschossige Kapelle über der Eingangshalle.

Oben links und rechts: **Corvey,** ehem. Abteikirche, Westwerk, 873–85, Kapelle mit umlaufender Empore und Fassade.

Das karolingische Westwerk ist das einzige seiner Art, das annähernd unverändert erhalten blieb.

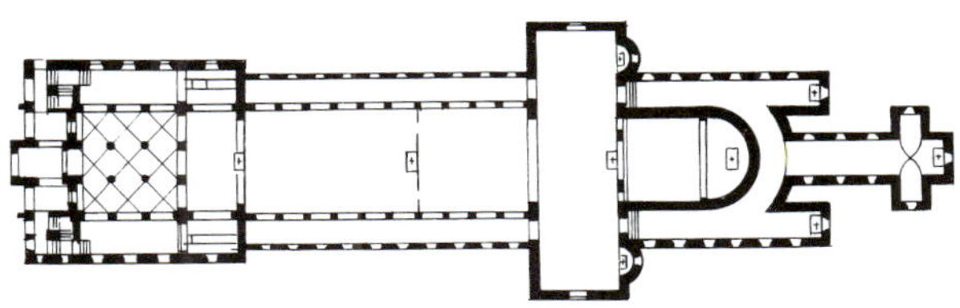

Karolingische Krypten

Der Krypta wurde in karolingischer Zeit erhebliche Bedeutung beigemessen. In der meist unter dem Hauptaltar der Kirche gelegenen Kultstätte waren die Gebeine der christlichen Märtyrer und Heiligen bestattet. Von ihnen erhofften sich die Gläubigen Heil und Wundertaten.

Die Krypta entwickelte sich aus der spätantiken *Confessio,* dem begehbaren Märtyrergrab im Ostteil einer Kirche. Das Vorbild hierfür lieferte Alt-St. Peter in Rom, wo sich mit dem Grab des Apostelfürsten eine der vornehmsten Gedenkstätten der Christenheit befand. In karolingischer Zeit wurden Krypten meist stollen- oder ringförmig angelegt. Später bevorzugte man weiträumige, oft mehrschiffige Hallenkrypten mit repräsentativen Säulenstellungen. Sie erhielten einen eigenen Altar und konnten einer großen Anzahl von Pilgern Raum für Andacht und Verehrung bieten.

Oben: **Steinbach,** ehem. Klosterkirche, sog. Einhardsbasilika, 827. Die Krypta birgt die Gebeine römischer Heiliger.

Gegenüber: **Fulda,** St. Michael, Krypta, 820–22 unter Abt Eigil errichtet; Baumeister war vermutlich der Mönch Racholf.

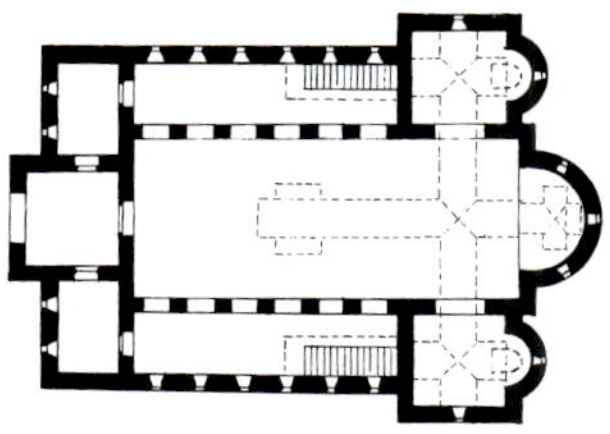

Steinbach, Einhardsbasilika

Oben: **Konstanz,** Münster Unserer Lieben Frau, Krypta, vor 904.

Ottonischer und salischer Kirchenbau

Zwischen 919 und 1024 lenkten Herrscher aus dem Geschlecht der Ottonen die Geschicke des Deutschen Reiches, ihnen folgten bis 1125 die Salier. Beide Kaiserhäuser stellten, wie zuvor die Karolinger, die Baukunst in den Dienst herrscherlicher Repräsentation und knüpften sichtbar an deren Erscheinungsbild an. Grund- und Aufriss werden nun jedoch einer neuen, strafferen Organisation und Gruppierung unterworfen: Lang- und Querhaus sind eng aufeinander bezogen, der Turmgruppe im Westen antworten Türme im Osten des Baus, meist auch ein massiver Vierungsturm. Häufig wird dem östlichen Chor ein Westchor gegenübergestellt. Den Innenraum gliedern Stützenwechsel und gebundenes System, wobei das Vierungsquadrat die Maße der Lang- und Querhausjoche vorgibt. Ist die Emporenbasilika von Gernrode das älteste Zeugnis dieser räumlichen Durchdringung, so steht St. Michael in Hildesheim für deren Vollendung. Die Benediktinerklosterkirche wurde 1010 von Bischof Bernward begonnen und 1033 geweiht. Im 13. Jh. erhielt sie ihre einzigartige bemalte Holzdecke.

Im 10. und vor allem im 11. Jh. wurden die Grundlagen für die Kunst der Romanik gelegt. Vielfach spricht man daher – auch mit Blick auf die Entwicklung in den Nachbarländern des Deutschen Reiches – von Vor- oder Frühromanik.

Gegenüber: **Gernrode,** St. Cyriakus, Innenraum. Der Wechsel von Pfeilern und Säulen rhythmisiert das Langhaus, die Emporen im Obergeschoss nehmen byzantinische Vorbilder auf.

Rechts: **Gernrode,** ehem. Stiftskirche St. Cyriakus, letztes Drittel 10. Jh., Ansicht von Nordwest (Apsis aus dem 12. Jh.).

Unten: **Hildesheim,** St. Michael, 1010–33, Erneuerung nach Brand 1162–86, Außenansicht.

Oben: **Trier,** Dom, Westbau, 1028. Die machtvolle, mit Lisenen und Rundbogenfriesen gegliederte Turmfront ist Teil der Neuerungen, die Erzbischof Poppo an der spätantiken Baugruppe des Doms vornehmen ließ. Die Zwerggalerien über den Portalen zählen zu den frühesten ihrer Art.

Gegenüber: **Köln,** St. Pantaleon, Westwerk, 984–um 1000, Rekonstruktion nach zahlreichen Veränderungen 1888–92. Blockhafte Formen bestimmen das Äußere des hoch aufragenden Westwerks: Der vierkantige Mittelturm wird von prismatischen Flankentürmen überragt.

Speyer, Dom, 1030–61 und 1082–1106, Gesamtansicht von Südwesten (oben).
Rechts: Detail des Außenbaus von Nordwesten. Wand und Fenster des Langhauses (rechts) gehören der ersten Bauphase an, die Ausführung des Querhauses und die Zwerggalerien der zweiten.
Ganz rechts: südliches Seitenschiff.

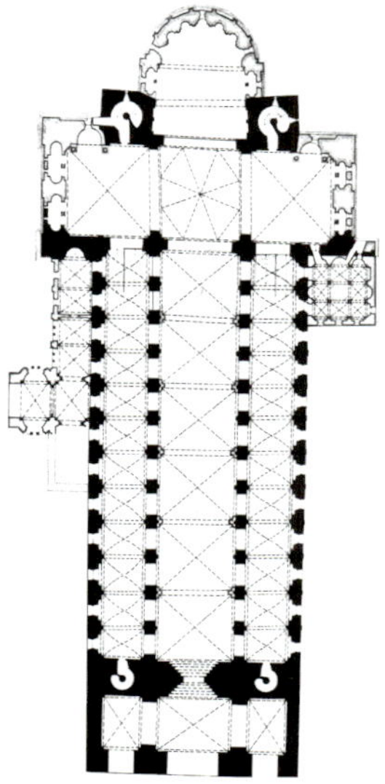

Der Dom zu Speyer

Speyer zählte zu den bedeutendsten Städten des mittelalterlichen Deutschen Reiches; bereits im 10. Jh. ließen sich salische Grafen dort bestatten. Nachdem sie zu deutschen Königen aufgestiegen waren, veranlasste Konrad II. um 1030 den Neubau der Bischofskirche St. Maria und St. Stephan. Diese romanische Basilika, die ältere Anlagen ersetzte, sollte über Jahrhunderte deutschen Kaisern und Königen zur Grablege dienen. Der Bau erfolgte im Wesentlichen in zwei Etappen: Der ersten Phase zwischen 1030 und 1061 (»Speyer I«) gehört die kreuzförmige Gesamtanlage mit dem ausgedehnten Langhaus, dem Querhaus und den Turmgruppen an. Im 1082–ca. 1106 errichteten Neubau (»Speyer II«) blieben die Krypta, die Vierungspfeiler und das Langhaus erhalten. Letzteres wurde nun jedoch überhöht und gewölbt; seine Wände erhielten eine neue plastische Gliederung, die mit dem Gewölbe korrespondierte.

Speyer, Domkrypta, Weihe 1041. Die Hallenkrypta ist der älteste Teil des Doms. Gedrungene Säulen mit Würfelkapitellen tragen die Kreuzgratgewölbe.

Die Kaiserdome in Worms und Mainz

Mit seinen gewaltigen Abmessungen und seiner repräsentativen Wölbung diente der Dom von Speyer weiteren kaiserlichen Bauten zum Vorbild, so den Domen zu Mainz und Worms. In Mainz wurde der 1081 durch einen Brand zerstörte Dom St. Martin und St. Stephan auf Geheiß Heinrichs IV. bis um 1137 erneuert. Besonders in der Ostpartie ist die Anlehnung an den älteren Bau offensichtlich; mit dem Kontrast von tragender Mauer und füllender Wandfläche nimmt auch das Langhaus Speyrer Motive auf. – Der Dom zu Worms wurde um die Wende des 12. Jahrhunderts über ottonischem Grundriss neu errichtet. Sein Westchor ist aus den gewohnten Baublöcken komponiert, die jedoch weit plastischer als zuvor durchgestaltet werden.

Oben, oben rechts und rechts: **Mainz,** Dom St. Martin und St. Stephan, beg. 1081, Weihe 1137, Blick in das Mittelschiff, Ansicht von Osten und Detail der Apsis mit Zwerggalerie.

Gegenüber: **Worms,** Dom St. Peter, Westchor, spätes 12./frühes 13. Jh. unter Einbeziehung älterer Bauteile. Apsis und überkuppelter Vierungsturm sind reich geschmückt.

Maria Laach

An der Benediktiner-Abteikirche Maria Laach (Abb. gegenüber) wurde knapp 150 ahre gebaut. 1156 wurden die Hallenkrypta, das Langhaus und der Westchor geweiht, ohne dass dessen Türme bereits einen Abschluss erhalten hatten. Das dem Westbau vorgelagerte Paradies, eine Art Atrium, konnte sogar erst 1220/30 vollendet werden. Die lange Baugeschichte blieb nicht ohne Einfluss auf den Stil: Der Wandel von einer betont kubischen zu einer plastisch-dekorativen Auffassung ist klar erkennbar. Im Langhaus wird erstmals auf den bis dahin gebräuchlichen Stützenwechsel verzichtet.

Köln, St. Aposteln

Auch St. Aposteln (Abb. rechts oben) blickt, wie alle Kirchen Kölns, auf eine lange Geschichte zurück. Der bestehende Bau verbindet die um 1020/30 errichtete Pfeilerbasilika mit dem Dreikonchenchor des frühen 13. Jahrhunderts. Nach St. Maria im Kapitol, Groß-St. Martin und St. Georg ist er der vierte seiner Art und der jüngste dieser Gruppe. Im Vergleich zu ihren Vorgängern zeichnet sich die Turmgruppe von St. Aposteln durch ausgewogenere Proportionen und einheitliche Gliederungssysteme aus. Blendbogenzonen und Zwerggalerien setzen horizontale Akzente.

Köln, St. Maria im Kapitol

Die Stiftskirche St. Maria im Kapitol (Abb. rechts) gilt als Schöpfungsbau der niederrheinischen Architektur. Um Mitte des 11. Jahrhunderts errichtet, ersetzte sie Vorgängerbauten, deren Wurzeln ins 7. Jahrhundert zurückreichen. Als wegweisend erwies sich die Verbindung von Lang- und Zentralbau: An das dreischiffige Langhaus schließt sich ein östlicher Dreikonchenbau, ein so genannter Kleeblattchor, an, um den die – gewölbten – Seitenschiffe herumgeführt sind. Darunter erstreckt sich die mächtige Hallenkrypta, die 1049 geweiht wurde. Der Westbau erhielt eine Nonnenempore, die sich zum Mittelschiff öffnet.

Ratzeburg, Dom

Aus Mangel an Natursteinen erlebte der Backsteinbau im Ostseeraum eine Blütezeit, die das gesamte Mittelalter andauern sollte. Da schichtweise verarbeitete gebrannte Ziegel andere Materialeigenschaften besaßen als Haustein, bildete sich so ab dem 12. Jahrhundert eine eigene dekorative Formensprache aus. Der Dom zu Ratzeburg zählt zu den frühen Großbauten, die in Backstein aufgeführt wurden. Im Typus traditionell, besticht der Bau durch Farbkontraste und reichen Fassadenschmuck, Simse, Lisenen und bortenartige Friese.

Links: **Ratzeburg,** Dom St. Maria und St. Johannes Ev., begonnen 1160/70, vollendet um 1210.

Limburg a. d. Lahn, Dom

Der Dom von Limburg, die einstige Stiftskirche St. Georg und St. Nikolaus, verdient nicht nur wegen seiner malerischen Lage hoch über dem felsigen Ufer der Lahn besondere Beachtung. Die dreischiffige Emporenbasilika mit ihren sieben steil aufragenden Türmen steht, stilgeschichtlich betrachtet, am Wendepunkt zwischen der deutschen Spätromanik und der neuen, aus Frankreich importierten Frühgotik. Sind im Grundriss und im kompakten Äußeren die älteren – rheinischen – Traditionen noch deutlich spürbar, so verraten der Chorumgang mit seinen Strebebögen, die Auflösung der Wandflächen und vor allem der viergeschossige Wandaufriss im Innenraum den Einfluss nordfranzösischer Vorbilder. Der heutige Bau, der eine Anlage des 9./10. Jahrhunderts ersetzte, wurde vermutlich nach 1211 begonnen und war bei seiner Weihe 1235 noch nicht vollendet. Er schuf die Voraussetzungen für die Entwicklung der deutschen Gotik, die mit der Elisabethkirche in Marburg und der Liebfrauenkirche in Trier ihren Anfang nahm.

Rechts und gegenüber: **Limburg a. d. Lahn,** ehem. Stiftskirche, heute Dom, 1211–35, Gesamtansicht und Innenraum.

Mailand, S. Ambrogio

Die im Wesentlichen romanische Kirche von S. Ambrogio erhebt sich über dem Grab der Märtyrer Protasius und Gervasius aus dem späten 4. Jahrhundert. Im 9. Jahrhundert begann der Bau einer neuen Basilika, die zwischen 1088 und 1128 ihr heutiges Aussehen erhielt. Das von Säulenhallen umgebene Atrium, das der Kirche vorgelagert ist, nimmt einen frühchristlichen Bautypus wieder auf: Hier sammelten sich die Pilger und reinigten sich in einem Brunnen symbolisch vom Schmutz der Sünde. – Ob die Rippenwölbung des Langhauses bereits um 1117 und damit extrem früh entstand, ist in der Forschung umstritten.

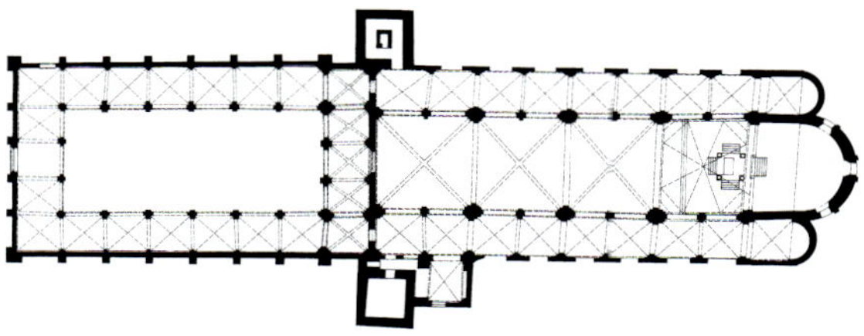

Gegenüber und rechts oben: **Mailand,** S. Ambrogio, 9.–12. Jh., Atrium und Blick in das Langhaus nach Osten.

Unten und rechts unten: **Como,** S. Abbondio, Weihe 1095, Ansicht von Südwest und Inneres.

Como, S. Abbondio

Wie bei S. Ambrogio in Mailand ist auch die Baugeschichte von S. Abbondio in Como in weiten Teilen ungeklärt; vermutlich wurde die Benediktinerkirche nach 1063 begonnen und 1095 geweiht. Ihre fünfschiffige, querhauslose Anlage und der holzgedeckte Dachstuhl erinnern an die frühchristlichen Basiliken Ravennas. Rundpfeiler mit Würfelkapitellen trennen die Schiffe. Zwei Türme flankieren die gerade geschlossenen Nebenapsiden und tragen zu dem blockhaften, etwas herben Charakter des Ensembles bei.

Verona, S. Zeno Maggiore

Im Jahr 380 starb der hl. Zeno, der wundertätige Bischof und spätere Stadtpatron Veronas. Über seinem Grab sollten sich nicht weniger als fünf Heiligtümer erheben, bis die heutige romanische Kirche 1118 begonnen wurde. Nach nur 20-jähriger Bauzeit wurde sie 1138 im Wesentlichen vollendet. Der majestätische Bau ist aus Tuff und Marmor errichtet, in seinem Inneren wechseln kräftige vierteilige Pfeiler mit schlanken Säulen. Im Osten des Langhauses erstreckt sich eine halbvertiefte Krypta über die ganze Breite des Baus.

Einzigartig sind die skulptierten Bronzetüren des Portals, ein Werk des »Meister Nikolaus« und seiner Werkstatt. In 46 Szenen schildern sie die Heilsgeschichte und das Leben des hl. Zeno.

Links: **Verona,** S. Zeno Maggiore, 1118–38, Langhaus nach Osten. Über der tiefer liegenden Krypta erhebt sich der monumentale Hochchor.

Venedig, S. Marco

Die Markuskirche in Venedig birgt die Reliquien des Evangelisten Markus, die 828/29 nach Venedig gebracht wurden. Sie stellt eine einzigartige Synthese byzantinischer Bau- und venezianischer Dekorationsformen dar: Nach dem Vorbild der Apostelkirche in Konstantinopel (6. Jahrhundert) wurde sie ab 1063 über kreuzförmigem Grundriss als Fünfkuppelbau errichtet, 1073 geweiht und 1094 vollendet. Die prachtvolle Ausstattung mit Goldmosaiken, Marmor und Bronze zog sich bis ins 13. Jahrhundert hinein und machte den Bau zu einem mittelalterlichen Gesamtkunstwerk.

Rechts und gegenüber:
Venedig, S. Marco, beg. 1063, Fassade zum Markusplatz und Blick in den Chorraum mit Mosaiken des späten 12. Jhs.

Modena, Kathedrale

Im Beisein der Markgräfin Mathilde wurde 1099 der Neubau der Kathedrale von Modena begonnen. Die dreischiffige Basilika mit ihrer stolzen Silhouette gehört zu den bedeutendsten Sakralbauten der Emilia – nicht zuletzt auch darum, weil man über die dort tätigen Künstler außergewöhnlich gut informiert ist: Meister Lanfrancus schuf die Architektur, Wiligelmus die Skulpturen der Fassade. Im Jahr 1184 konnte der Bau geweiht werden; zwischen dem 13. und dem 15. Jahrhundert wurde er mehrfach umgestaltet.

Modena, Kathedrale S. Geminiano, beg. 1099, Weihe 1184, Fassade mit den Skulpturen des Meister Wiligelmus, Anfang 12. Jh.

Parma, Dom und Baptisterium

Das Zentrum Parmas prägt die gewaltigen Baumassen des Doms und des Campanile, des Baptisteriums und des Bischofspalastes. Der Grundstein des Doms wurde im 11. Jahrhundert durch Bischof Cadalus gelegt; die weitere Baugeschichte liegt im Dunkeln, da ein schweres Erdbeben 1117 die Stadt heimsuchte und vermutlich den Neubau erheblich beschädigte. 1281 schuf Giambono da Bissone den Protiro, die Portalvorhalle mit den beiden Säulen tragenden Löwen, wenig später begannen die Arbeiten am neuen Campanile. Das oktogonale Baptisterium steht am Übergang zwischen Romanik und Gotik. Es ist Werk des Benedetto Antelami, der den Bau zwischen 1196 und 1216 aufführte. Die plastische Durchgestaltung der Fassaden ist der Doppelbegabung des berühmten Bildhauers und Architekten zu verdanken.

Rechts: **Parma,** Baptisterium, Benedetto Antelami und Schule, 1196–1216, Innenraum.

Unten: **Parma,** Piazza del Duomo mit Kathedrale, Campanile und Baptisterium, 11.–13. Jh.

Die toskanische »Protorenaissance«

Bereits im 11. Jahrhundert nahmen sich italienische Baumeister die Architektur der Antike zum Vorbild: Die ausgewogenen Proportionen, die klare Gliederung der Flächen, die Verwendung antikischer Säulenordnungen sind Kennzeichen für die toskanische Romanik, die man daher auch als »Protorenaissance« bezeichnet. Feine Bänder von hellem und dunklem Marmor bilden geometrische Muster und beleben die Oberflächen. Dieser aufwändige »Inkrustationsstil« sollte bis ins 15. Jahrhundert lebendig bleiben und die Architektur der Frührenaissance entscheidend beeinflussen.

Freilich mochte man auch auf romanische Dekorationsformen nicht verzichten: Die Marmorfassade des Doms von Pisa ist von Arkaturen und Säulenloggien wie von einem Gespinst überzogen – und offenbart dennoch strukturelle Klarheit. Eine Eigenart der Pisaner Architektur sind die rautenförmigen Ornamente in den Blendbögen.

Gegenüber: **Florenz,** S. Miniato al Monte, 1070–93 (Krypta und Ostpartie), 1128–50 (Westpartie und Fassade).

Unten: **Pisa,** Campo dei Miracoli, Dom; 1063 unter der Leitung des Architekten Busketus begonnen.

Rechts: **Florenz,** Baptisterium, um 1060–1150. Der achteckige Bau wird von einem Zeltdach geschlossen.

Apulien

Die süditalienische Provinz Apulien besitzt einzigartige Zeugnisse romanischer Architektur. Sie verdankt diesen Reichtum der Herrschaft der Normannen, die den Mittelmeerraum von byzantinischer und arabischer Herrschaft zu befreien suchten.

Mit S. Nicola in Bari entstand ein eigener apulischer Kirchentypus, der entlang der Adriaküste vielfach nachgeahmt wurde. Künstlerische Gründe waren sicher nicht die einzigen, die für die große Ähnlichkeit der Bauten ausschlaggebend waren: Die Gebeine des hl. Nikolaus von Myra, von Bareser Seeleuten im Handstreich erobert, in die Heimat entführt und in der neuen Kirche bestattet, genossen in Süditalien höchste Verehrung. Die Kathedralen von Trani, Molfetta, Bitonto, Ruvo, selbst der Dom von Bari suchten sich über die Nachahmung der Architektur von S. Nicola ein wenig des Glanzes der Reliquien zu versichern. Kennzeichen der Baugruppe sind u. a. das blockhafte durchgehende Querhaus, das hohe Mittelschiff, das weit über die Seitenschiffe emporragt und an der Fassade oft mit einer großen Rose geziert ist, sowie im Inneren die Emporen und der offene Dachstuhl.

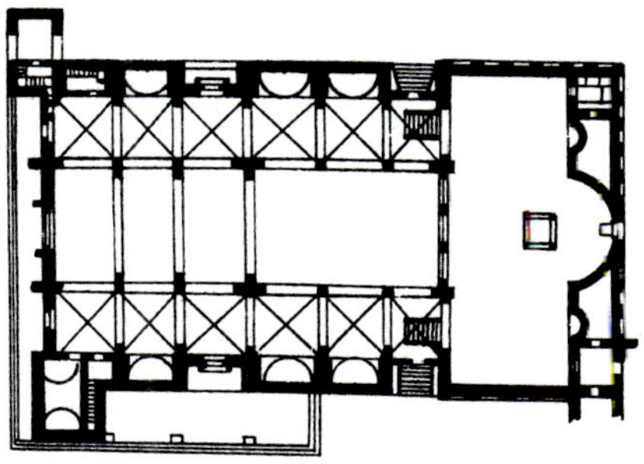

Bari, S. Nicola

Gegenüber oben und unten links: **Bari,** S. Nicola, 1087–1196, Innenraum und Ansicht von Nordwesten. In den von Roger I. gestifteten Kirchenbau sind Teile des älteren Katapanspalastes (Sitz des byzantinischen Statthalters) integriert.

Gegenüber unten rechts und oben: **Trani,** S. Nicola Pellegrino, Ende 11. Jh. In Konkurrenz zur Bareser Kirche wurde der Dom von Trani Nikolaus dem Pilger geweiht. An das mächtige Querhaus sind Apsiden als schlanke Halbzylinder angefügt.

Oben: **Palermo,** Kathedrale, beg. 1185, Südfassade mit spätgotischem Hauptportal, das sich in drei weiten Bogenstellungen öffnet.

Rechts: **Monreale,** Dom, Mosaikdekoration der Nordwand mit Szenen des Alten Testaments, spätes 12.–frühes 13. Jh.

Sizilien

Sizilien ist seit alters her Kreuzungspunkt der Kulturen. Nach Griechen und Römern herrschten die Araber bis 1072 über die Insel, ihnen folgten die Normannen, die in der Dynastie der Staufer aufgingen. Diesen mittelalterlichen normannisch-staufischen Staat prägte ein außerordentlich fruchtbares Nebeneinander der Zivilisationen; antike, byzantinische und arabische Elemente verbanden sich mit west- und mitteleuropäischen Traditionen.

Der Dom von Cefalù wurde 1131 von Roger II. gegründet und zur Grablege der normannischen Herrscher bestimmt; mit ihm wurde ein eindrucksvolles Zeichen königlicher Macht gesetzt. Seine Architektur weist anglo-normannische Einflüsse auf, in vielen Details, vor allem in der Mosaikdekoration der Apsis, ist byzantinisches Erbe spürbar. Eine besondere Stellung nimmt auch der Dom von Monreale ein: Byzantinische Mosaiken, arabische Fußbodenornamente, pisanische Bronzetüren und der Kreuzgang mit seinen phantasievoll gestalteten Kapitellen bilden ein einzigartiges Konglomerat abend- und morgenländischer Kunst.

Oben: **Cefalù,** Dom, 1131–spätes 12. Jh., Blick in die Apsis. Die Mosaiken der Apsis datieren in das Jahr 1148 und zählen zu den ältesten Siziliens.

Unten: **Cefalù,** Stadtansicht von Westen mit dem normannischen Dom. Die Doppelturmfassade enstand 1240.

Reims, St-Rémi

Im Jahr 1005 legte Abt Airard den Grundstein für den Neubau der Abteikirche St-Rémi; mit knapp 100 m Länge und 65 m Breite im Querhaus sollte er einen gewaltigen Raum umspannen. Nach dem Tode Airards 1034 begann sein Nachfolger, das Projekt auf bescheidenere Ausmaße zurückzuführen. Der Aufriss des Langhauses lässt dennoch die Gestalt der frühromanischen Basilika erahnen: Bündelpfeiler stützen die Arkaden des Erdgeschosses, darüber öffnen sich die ebenso weiten Bögen der Emporen. Der zunächst flach gedeckte Neubau wurde 1049 geweiht. Sein gotisches Erscheinungsbild stammt von 1170–90.

Links: **Reims,** St-Rémi, beg. 1005–1190, Langhaus, früh romanischer Wandaufriss mit gotischen Umbauten.

Tournus, St-Philibert

Wie bei vielen mittelalterlichen Kirchen ist die Baugeschichte von St-Philibert in Tournus nur schwer zu rekonstruieren. Die mächtige dreischiffige Vorhalle dürfte im Kern noch aus dem 10. Jahrhundert stammen, die Michaelskapelle in ihrem Obergeschoss aus dem 11. Jahrhundert. Gleichzeitig scheint man auch das Langhaus der Kirche in Angriff genommen zu haben. Hier überraschen ungewöhnliche Höhe und hallenartige Weite. Kompakte gemauerte Rundpfeiler tragen auf Schwibbögen aufliegende, quer gestellte Tonnen – eine Wölbung, die vermutlich erst nachträglich eingezogen wurde und eine grandiose Raumwirkung erzielte. Dennoch blieb sie ohne bedeutende Nachfolge.

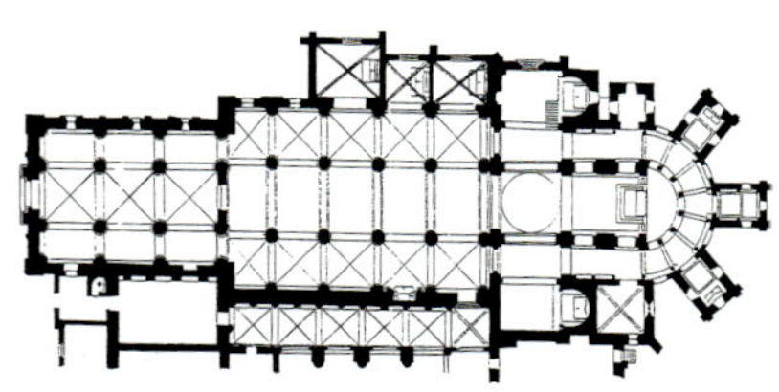

Links und gegenüber:
Tournus, St-Philibert, 10–12. Jh., Blick von Südost, Innenraum nach Osten.

Normandie

Die Normandie, die Landschaft an der französischen Kanalküste, nahm im Europa des 10., 11. und 12. Jahrhunderts eine Sonderstellung ein: Unter normannischer Herrschaft hatte sich hier ein solides Staatsgebilde entwickelt, das in ständigem wirtschaftlichem wie kulturellem Austausch mit anderen Regionen stand. Dynastische Beziehungen reichten bis nach Sizilien, wo sich eine eigene normannische Kultur entwickelte. Besonders eng gestaltete sich der Kontakt zu England, das 1066 in der Schlacht von Hastings unterworfen wurde. Auf dem Gebiet der Baukunst kann man daher für diese Zeit mit einiger Berechtigung von einer anglo-normannischen Architektur sprechen. Zu ihren Eigentümlichkeiten zählen u. a. die Zweiturmfassade, die Emporen, die Zweischaligkeit der Wand und die Wölbung von Mittel- und Querschiff mittels Kreuzrippen.

Die ehemalige Herrenstiftskirche St-Étienne in Caen vereint all diese Kriterien. Sie wurde 1066 durch Wilhelm den Eroberer und seine Gemahlin Mathilde begründet, die auf diese Weise ihre in Rom angefochtene Ehe zu sühnen gedachten. Sieben Jahre zuvor hatte Mathilde bereits die Kirche des Damenstifts Ste-Trinité, gleichfalls in Caen, gestiftet. 1087 wurde Wilhelm in

Caen, St-Étienne, beg.1066, Wölbung 1100–20, Chor um 1200; Blick in das Langhaus mit seinen weiten Emporenöffnungen und Ansicht des gotischen Chors.

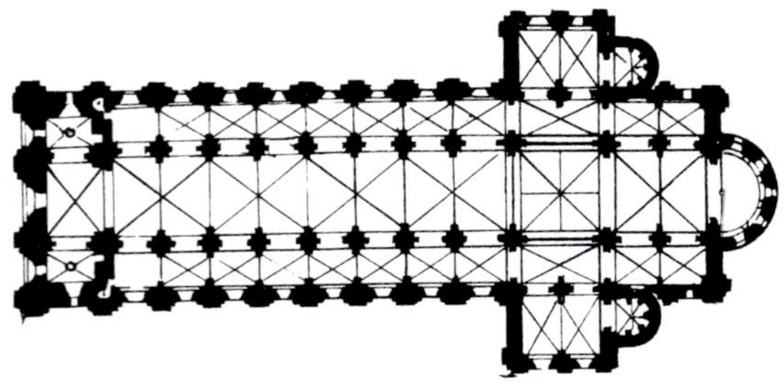

St-Étienne beigesetzt. Beide Bauten sind Meilensteine der Architekturgeschichte, obgleich sie im Laufe der Zeit vielfältige Veränderungen erfuhren. So erhielt St-Étienne u. a. um 1200 einen gotischen Chor.

Die ehemalige Prioratskirche St-Vigor in Cerisy-la-Forêt wurde hingegen nie gewölbt und in ihrer Chorpartie nicht erweitert; sie erlaubt daher Rückschlüsse auf die Ostansicht von St-Étienne. Cerisy gilt als Bindeglied zwischen den Abteikirchen von Caen und den romanischen Kirchen Englands, die nach 1066 entstanden.

Links: **Caen,** Ste-Trinité, 1059–66 (Krypta und Langhaus), 1100–30 (Ostpartie und Wölbung). Typisch für die normannische Architektur ist die machtvolle Doppelturmfassade.

Unten: **Cerisy-la-Forêt,** St-Vigor, um 1080/85–um 1120. Die ehem. Prioratskirche besitzt noch ihren ursprünglichen romanischen Chor; Westteile im 19. Jh. zerstört.

Toulouse, St-Sernin

St-Sernin in Tolouse gehört, wie Conques, zu den fünf großen Pilgerkirchen, die den Weg nach Santiago de Compostela säum(t)en. Sie mussten einer großen Schar von Gläubigen Platz bieten und bildeten daher einen spezifischen Typus aus: das weit ausladende, mit Apsiden erweiterte Querhaus und den Umgangschor mit Radialkapellen. In St-Sernin besitzt auch das Langhaus mit seinen fünf Schiffen und elf Jochen gewaltige Ausmaße. Die dem hl. Saturninus geweihte Kirche wurde 1080 begonnen und um Mitte des 12. Jahrhunderts vollendet.

Gegenüber: **Toulouse,** St-Sernin, 1080–Mitte 12. Jh.; Ansicht von Osten auf Querhaus, Umgang und Apsiden, Turm 12./13. Jh.

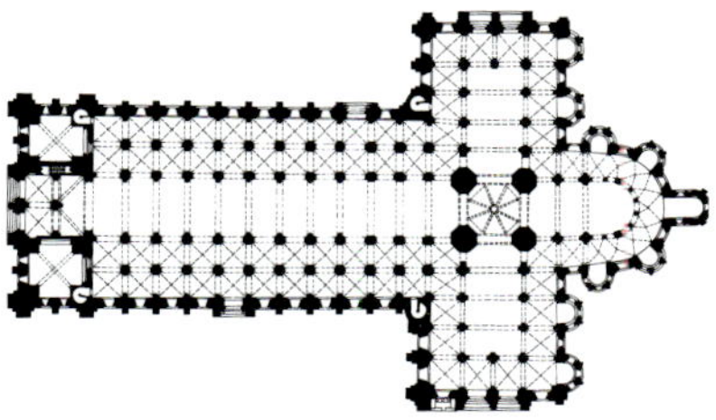

Conques, Ste-Foy

Ste-Foy in Conques wurde zunächst in bescheidenen und altertümlichen Formen begonnen. Als sich der Zustrom zu den Reliquien der hl. Fides vervielfachte, erhielt die Kirche eine geräumigere Apsis nach dem Vorbild von St-Sernin. Das Mittelschiff wurde mit einer Tonne überwölbt, deren Schub von Emporen abgefangen wird. Wie überall am Pilgerweg trägt die Kirche reichen plastischen Schmuck. Am Tympanon des Westportals prangt das Jüngste Gericht – mit 124 Figuren ist es das aufwändigste, das aus romanischer Zeit erhalten ist.

Oben und rechts: **Conques,** Ste-Foy, Gesamtansicht und Tympanon; Architektur 1050–1130, Skulptur 1135–40.

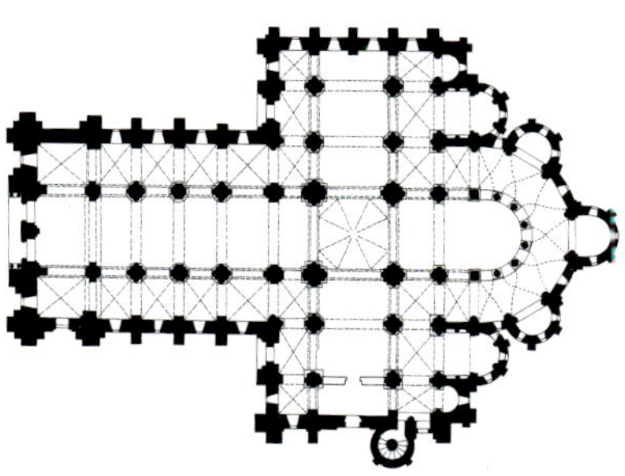

Autun, St-Lazare, 1120–Mitte 12. Jh. Die Kathedrale barg einst das Grab des hl. Lazarus, dessen Reliquien 1146 feierlich übertragen wurden. Später entbrannte ein erbitterter Streit um sie.
Die figürlichen Kapitelle des Kircheninneren zählen zu den schönsten ihrer Zeit (heute Musée Salle Capitulaire). Zu sehen sind hier die Flucht nach Ägypten und der Selbstmord des Judas, 1120–30.

Autun, Kathedrale St-Lazare

Der Bauherr der Kathedrale von Autun, Bischof Étienne Bâgé, war glühender Anhänger der Kirchenreform von Cluny, und so nimmt es nicht Wunder, dass seine Gründung Anregungen der dritten, 1088–1130 errichteten Abteikirche von Cluny verarbeitet. Dies betrifft insbesondere die Vereinheitlichung und Harmonisierung der Bauteile und die Gliederung der Geschosse. Antikische Elemente werden wie selbstverständlich in das romanische System integriert: Kannelierte Pilaster rhythmisieren die Wand, Perlstäbe und Rosettenfriese begleiten die Gesimse. Die Blendbögen des Triforiums sind antiken Stadttoren nachempfunden, wie sie in Autun noch heute zu betrachten sind.

St-Lazare besticht durch den Reichtum an Skulptur: Die Portalanlage, die Meister Gislebertus um 1130 schuf, zählt zu den Hauptwerken romanischer Plastik. Im Kircheninneren haben sich wundervolle Kapitelle mit Szenen des Alten und Neuen Testaments erhalten, zum Teil ebenfalls Arbeiten des Gislebertus.

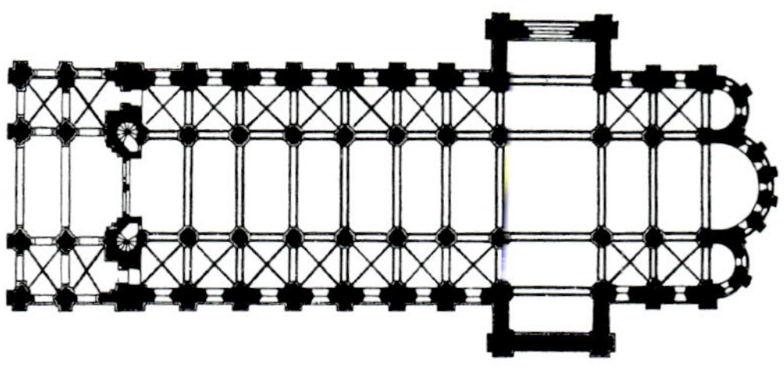

Gegenüber: **Autun,** St-Lazare, Westportal, um 1130, im Tympanon das Jüngste Gericht, Werk des Meisters Gislebertus.

Cluny, Paray-le-Monial und Vézelay

910 gründete Wilhelm von Aquitanien im burgundischen Cluny ein Benediktinerkloster, das zum Inbegriff der Ordensreform und -autarkie werden sollte. Die Cluniazenser erkannten die Autorität des Papstes an, nicht aber die weltlicher Herrscher. Mit der Übernahme ihrer Ideale ging die Nachahmung ihrer Baukunst einher: Vor allem die zweite (955–81) und die dritte (1088–1130) der in kurzer Zeit errichteten Abteikirchen gaben entscheidende Anregungen für den europäischen Sakralbau. Da Cluny III 1790 zerstört wurde, kann man dessen Pracht und Größe nur in seinen Nachfolgebauten erahnen, so vor allem in Paray-le-Monial, das mit seiner Vorhalle, der Spitztonnenwölbung und dem gestaffelten Kapellen-Umgangschor als verkleinerte Kopie des Ursprungsbaus angesehen wird. Dagegen erhielt die Magdalenenkirche in Vézelay, nachdem 1120 ein Brand das karolingische Langhaus zerstört hatte, Kreuzgratgewölbe. Die Gurtbögen, die diese abstützen, wurden zweifarbig akzentuiert, um die grandiose Raumwirkung des Schiffs zu unterstreichen.

Gegenüber: **Vézelay,** Ste-Madeleine, um 1120–50, Blick in das Langhaus mit zweigeschossigem Aufriss und antikischem Baudekor.

Oben: **Cluny III,** Ostansicht im 16. Jh., Lithographie nach 1789, Paris, Bibliothèque Nationale, Kupferstichkabinett.

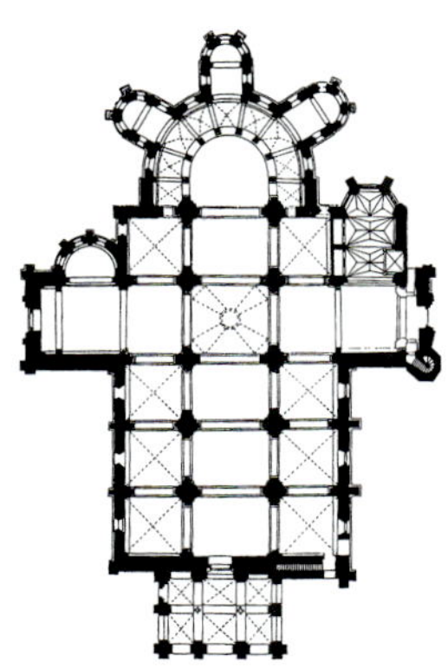

Links und oben: **Paray-le-Monial,** Prioratskirche, um 1100, Ansicht von Nordost, Innenansicht nach Osten, Grundriss.

Frankreichs Westen

Der Sakralbau im Westen Frankreichs schlug eine andere Richtung ein als die im Wesentlichen von Cluny geprägten Bauten Burgunds oder die Emporenbasiliken der Normandie. In Aquitanien und im Poitou bevorzugte man Hallenkirchen mit Tonnen- bzw. Rippengewölben oder Kuppelkirchen, deren Langhausjoche mit einer Reihe von Pendentifkuppeln überwölbt werden. Zur ersten Gruppe zählt die ehem. Abteikirche St-Savin-sur-Gartempe, deren Langhaus zwischen 1095 und 1115 errichtet wurde. Hier trennen elegante Säulenarkaden die Schiffe, die Tonnenwölbung des Mittelschiffs läuft ohne Gurtbögen durch. Auf eine eigene Lichtführung ist verzichtet. Dafür trägt das Gewölbe einen der umfangreichsten Zyklen der französischen Wandmalerei: In 36 Bildern schildert er u. a. Begebenheiten der Schöpfungsgeschichte, des Lebens Noahs und der Sintflut. Die Malereien entstanden gegen Ende des 11. Jahrhunderts.

Die Kathedralen von Angoulême und Périgueux vertreten den Typus der Kuppelkirchen. Die Erste ist über dem Grundriss eines lateinischen, die Zweite über dem eines griechischen Kreuzes angelegt; ihre quadratischen Joche tragen vier bzw. fünf Kuppeln, die auf Hängezwickeln (Pendentifs) ruhen. Es ist nicht unwahrscheinlich, dass diese Art der Wölbung von frühchristlichen oder byzantinischen Vorbildern angeregt wurde, als unmittelbares Vorbild mag auch der Markusdom in Venedig gelten.

St-Savin-sur-Gartempe,
1060–85 (Ostpartie) und 1095–1115 (Erneuerung des Langhauses); Deckenfresko mit Arche Noah (oben links) und Langhaus (links und oben rechts).

Links: **Périgueux**, Kathedrale St-Front, Neubau nach 1120. Das Äußere der Fünfkuppelkirche wurde im 19. Jh. radikal restauriert.

Unten rechts: **Angoulême,** Kathedrale St-Pierre, 12. Jh. Die zwischen 1115 und 1136 erbaute Westfassade besitzt das umfangreichste Skulpturenprogramm der französischen Romanik. Es umfasst heilsgeschichtliche Themen wie auch Szenen des Rolandsliedes.

Unten: **Fontevraud,** ehem. Abteikirche, gegründet 1110. Die Kuppelkirche diente im ausgehenden 12. Jh. als Grablege des Hauses Plantagenet.

Die Zisterzienser

Zu Beginn des 12. Jahrhunderts regte sich Unmut über die Pracht- und Machtentfaltung der Cluniazenser. Er bündelte sich im 1098 gegründeten Zisterzienserorden, der zu den elementaren Regeln des hl. Benedikt zurückzukehren versprach. Abt Bernhard von Clairvaux verlieh dem Reformorden ein eigenes Profil, das sich an mystischer Frömmigkeit, Arbeit und Schlichtheit orientierte. Die Baukunst sollte diese Ideale verkörpern. Bernhards erste Gründung war das Kloster von Cîteaux, ihm folgten La Ferté, Pontigny, Morimond und Clairvaux, die wiederum in kürzester Zeit Tochtergründungen veranlassten. Alle Niederlassungen folgten einem Idealplan, der sich auf die Gesamtanlage des Klosters wie auf dessen Ausstattung bezog.

Fontenay, Abteikirche, 1139–47, Innenansicht, Konventsgebäude und Grundriss der Klosteranlage.

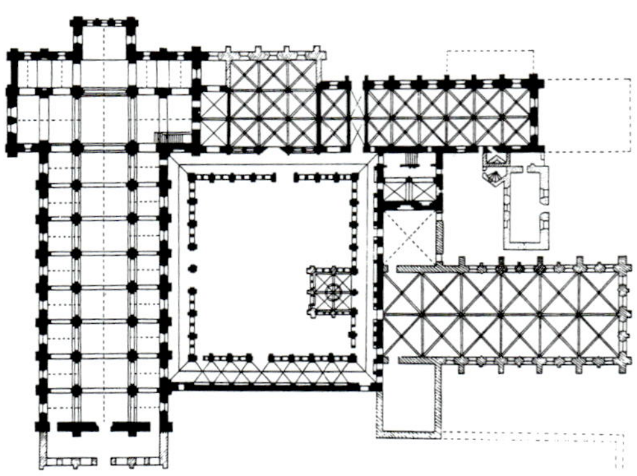

Pontigny und Fontenay

Unter den frühen Zisterzienserklöstern hat einzig Fontenay als zweite Filiation von Clairvaux sein ursprüngliches, wohl von Bernhard selbst bestimmtes Antlitz bewahrt. Das Innere der 1139–47 errichteten Klosterkirche besticht durch erhabene Schlichtheit, auf jedes überflüssige Bau- und Ausstattungsdetail ist verzichtet. Nur die überaus feine Steinmetzarbeit dient als Zierde des Gotteshauses. Spitztonnen überwölben Mittel- und Querschiff, die Kapellen im Osten sind durch gerade Wände geschlossen. Licht fällt lediglich durch die Wand des Triumphbogens über dem Hauptchor.

Pontigny wurde bereits 1114 als direkte Tochter von Cîteaux gegründet, in der zweiten Hälfte des 12. Jahrhunderts aber grundlegend umgestaltet; u. a. erhielt der 108 m lange Bau einen polygonalen gotischen Chor. Dennoch lässt das schlichte Langhaus der Kirche noch die Ideen Bernhards verspüren. Zisterzienserkirchen erhielten übrigens nie einen Glockenturm, denn auch dieser galt als Zierrat. Man beschränkte sich auf einen Dachreiter mit Glocke, die die Mönche zum Gebet rief.

Pontigny, Abteikirche, beg. 1145, Chor 1186–1210. Schlichte Klarheit prägt das romanische Langhaus wie den frühgotischen Umgangschor.

1

Romanische Bauskulptur
Die romanische Bauskulptur ist, bis auf wenige Ausnahmen, fest an die Architektur gebunden. Anders als die freiplastische Skulptur der Antike ist sie vor allem auf die Form des Reliefs ausgerichtet oder der architektonischen Gliederung untergeordnet. Sie nimmt somit eine Mittelstellung zwischen der flächengebundenen Malerei und der räumlich-körperlichen Plastik ein. Ihr prominentester Ort am Außenbau der Kirche ist das Portal; im Innenraum schmückt sie vor allem Kapitelle und Konsolen. Als Bauornamentik trägt sie rein dekorativen Charakter, als Bauplastik wird sie figürlich ausgestaltet.

2

Portalskulptur
Vorstufen eines so reich skulptierten Portals wie das von Vézelay (S. 18) sind links abgebildet (1–3). Über dem einfachen – frühromanischen – Türsturz (1), der sich besonders für eine Reihung von Figuren eignet, rundet sich bald das Tympanon, das von Ende des 11. bis zum 14. Jahrhundert zum Zentrum der figürlichen Darstellung wird. 2 zeigt den frühen Typus eines von Engeln flankierten Christus als Maiestas Domini in der Mandorla. Der Aufbau von 3 ist bereits zweizonig, wobei das Bogenfeld durch ein ornamentales Gesims, das ein Wolkenband andeutet, vom Architrav getrennt wird. 4, etwa zeitgleich mit

1 **St-Genis-des-Fontaines,** Türsturz, 1019/20.

2 **Charlieu,** ehem. Prioratskirche St-Fortunat, Tympanon des Westportals, Ende 11. Jh.

3 **Toulouse,** St-Sernin, Tympanon der Porte Miegeville, vor 1118.

4 **Aulnay-de-Saintonge,** ehem. Kollegiatskirche St-Pierre-de-la-Tour, Tympanon des Südportals, nach 1130.

5 **Semur-en-Brionnais,** ehem. Prioratskirche St-Hilaire, Westportal, nach Mitte 12. Jh.

6 **Freiberg,** Goldene Pforte, um 1230.

3

6

7

8

9

Vézelay, macht deutlich, wie groß regional bedingte Unterschiede – in diesem Fall zwischen der burgundischen und der westfranzösischen Bauplastik – ausfallen können. Beispiel 5 datiert später als Vézelay und zeigt bereits die Zuspitzung mehrstufiger Bogenformen, wie sie an gotischen Portalen typisch werden sollte. Die so genannte Goldene Pforte aus Freiberg (6), Höhepunkt der romanischen Portalskulptur in Deutschland, ist in den Bogenläufen reich mit Archivoltenfiguren geschmückt. Ein Gestaltungselement, das in Frankreich schon an zahlreichen Portalen zu sehen war, erscheint hier in Deutschland zum ersten Mal.

7 **Köln,** St. Maria im Kapitol, Würfelkapitell, Mitte 11. Jh.

8 **Quedlinburg,** ehem. Damenstiftskirche St. Servatius, Würfelkapitell mit Figurenschmuck, vor 1129.

9 **Serrabone,** ehem. Prioratskirche Notre-Dame, Doppelkapitell der Sängertribüne, nach Mitte 12. Jh.

10 **Dijon,** Rotunde der ehem. Abteikirche St-Bénigne, Figurenkapitell, frühes 11. Jh.

11 **Moissac,** ehem. Abteikirche St-Pierre, Figurenkapitell des Kreuzgangs, um 1100.

12 **Sto. Domingo de Silos,** Doppelkapitelle des Kreuzgangs, Mitte 12. Jh.

Kapitellskulptur

Die Säule, seit der Antike bevorzugtes Stützelement, besitzt Basis, Schaft und Kapitell. Ihre Gliederung erinnert an vegetabile Formen – Bäume oder Pflanzen –, die ihrer Ausbildung zugrunde gelegen haben mögen. Als Mittler zwischen Stütze und Last ist das Kapitell, das »Köpfchen« der Säule, konstruktiv wie symbolisch ein Knotenpunkt des Bauwerks. Die Romanik kennt neue Arten des Kapitells, die völlig unabhängig von antiken Vorbildern entstanden: das abstrakte Würfelkapitell und das figürlich dekorierte »historisierende« Kapitell, das allegorische Darstellungen und Szenen des Heilsgeschehens zeigt. Deutlich ist die Entwicklung seiner Ausgestaltung von eher material- und konstruktionsbedingten Formen hin zu Trägern komplexer Bildprogramme anhand der hier gezeigten Beispiele nachzuvollziehen (7–12).

10

11

12

La Seu d'Urgell

Die mächtige romanische Kathedrale von La Seu d'Urgell in den Pyrenäen ist die dritte, die sich an diesem Standort erhebt. Ihre Grundsteinlegung erfolgte zwischen 1116 und 1122, die Arbeiten schritten jedoch erst gegen Ende des Jahrhunderts voran, als man den italienischen Baumeister Raimundus Lambardus unter Vertrag nahm. Er übermittelte Motive der oberitalienischen Baukunst nach Katalonien.

Cardona

Die Burgkirche St. Vicenç in Cardona wurde von Vizegraf Beremund gestiftet und zwischen 1029 und 1040 errichtet. Sie zählt zu den Gründungsbauten der romanischen Architektur Kataloniens. Vielleicht waren auch hier lombardische Werkstätten tätig, doch überwiegen regionale Traditionen. Das Innere ist vollständig gewölbt, über der Vierung erhebt sich eine Trompenkuppel. Die Mauern erhielten ein neuartiges, abgestuftes Wandrelief.

La Seu d'Urgell, Kathedrale, beg. zwischen 1116 und 1122, Ostpartie. Die Gliederung der Apsis mit Diensten und Zwerggalerie erinnert an oberitalienische Vorbilder.

Oben und gegenüber: **Cardona,** St. Vicenç, 1029–40, Burgberg mit Kirche von Nordost, Ansicht des Innenraums. Mittelschiff, Chor und Querarme sind mit Tonnen überwölbt.

Santiago de Compostela, Kathedrale

Seit dem 10. Jahrhundert ist Santiago de Compostela, mutmaßliche Grabstätte des Apostels Jakobus, Ziel nicht enden wollender Pilgerströme. Um 1075 wurde hier der Grundstein zu einer der gewaltigsten Kathedralen der romanischen Epoche gelegt. Höhepunkt ihrer Ausgestaltung ist das grandiose Westportal des Maestro Mateo, das den Apostel am Trumeau und darüber das Weltgericht mit dem triumphierenden Christus zeigt. Es entstand zwischen 1168 und 1188 und ist heute durch einen nicht minder kunstfertigen barocken Vorbau geschützt.

Frómista, S. Martín

Zu den bedeutenden Stationen am Pilgerweg zählt die Kirche S. Martín in Frómista, die angeblich bereits vor 1066 begonnen wurde. Der kompakte, von Rundtürmen flankierte Bau ist wegen seiner einzigartigen Kapitelle und Konsolen sowie wegen seiner perfekten Steinmetzarbeit berühmt.

Gegenüber: **Santiago de Compostela,** Kathedrale, Westportal, sog. Pórtico da Gloria, Werk des Maestro Mateo, letztes Drittel 12. Jh.

Rechts und unten: **Frómista,** S. Martín, Gründung 1066 (?)–nach 1100, Außenansicht von Südwesten mit Flankentürmen, Querhaus und Vierungsturm.

Die spanischen Cimborrios

Eine Besonderheit der spanischen Sakralbaukunst sind die romanischen *Cimborrios,* monumentale Schirmkuppeln, die sich über der Vierung des Kirchenraums erheben. Ihre durch Rippen in jeweils 16 Kappen aufgeteilte Wölbung lagert auf einem durchfensterten Tambour, der wiederum auf sphärischen Zwickeln ruht. Großartige Beispiele dieses in der europäischen Romanik sonst unbekannten Bautyps sind die *Cimborrios* der Kathedralen von Zamora (1151–71) und Salamanca (Alte Kathedrale, 1152–Anfang 13. Jh.) sowie der Kollegiatskirche in Toro (beg. 1160). Ihre Vorbilder liegen vermutlich in Nordafrika, etwa im *Mihrab* der großen Moschee von Kairouan, oder im Felsendom von Jerusalem. Auch im Außenbau wirken die *Cimborrios* eigentümlich: Kleine, türmchenhafte Vorbauten flankieren den Tambour und verleihen ihm einen bizarren Charakter. Sie haben jedoch auch eine statische Funktion: Als Auflast stützen sie den Vierungsturm und leiten die Schübe der Kuppel ab.

Gegenüber: **Toro,** Kollegiatskirche Sta. María la Mayor, 1160–1240, Ansicht von Süden mit Blick auf *Cimborrio,* Querhaus und Apsiden.

Oben und unten: **Zamora,** Kathedrale, 1151–71, Ansicht von Südwesten und Blick in den *Cimborrio.* Er war Vorbild für die Kuppeln von Toro und Salamanca.

Oben links und rechts: **Tomar,** Templerkirche, spätes 12. Jh., Außen- und Innenansicht. Vielleicht wurde der Bau 1187 begonnen, als Jerusalem in arabische Hände fiel.

Unten: **Segovia,** Vera Cruz, Weihe 1208. Die Heilig-Kreuz-Kirche wurde vermutlich durch den Orden der Chorherren vom Heiligen Grab errichtet.

Die Zentralbauten der Ritterorden

Die spanischen und portugiesischen Ritterorden spielten nicht nur eine bedeutende Rolle im Prozess der Reconquista, der christlichen Rückeroberung der Iberischen Halbinsel; mit ihren Bauten, die häufig die Stätten des Heiligen Landes nachzuahmen suchten, leiteten sie eine Internationalisierung der bislang regional oder französisch geprägten Architektur ein.

Wohl als Kopie der Grabeskirche in Jerusalem muss man die Templerkirche im portugiesischen Tomar verstehen. Die so genannte Charola ist ein im Äußeren 16-eckiger Zentralbau, dem im Inneren eine achteckige Kapelle frei eingestellt ist. Ähnlich konzipiert ist auch die Heilig-Kreuz-Kirche bei Segovia, nur dass es sich hier um eine zwölfeckige Anlage handelt, der zusätzlich drei Apsiden und ein Trichterportal im Westen angefügt sind. Der Zentralbau wird so zu einem Longitudinalbau. Überwölbt ist die Kirche mit einer kleinen Kuppel, die mit parallel geführten Bandrippen unterlegt ist.

Coimbra, Alte Kathedrale

Kompakte Mauern, schießschartenartige Fenster und ein trutziger Zinnenkranz verleihen der Alten Kathedrale von Coimbra einen wehrhaften Charakter. Die Sé Velha wurde 1140 begonnen – ein Jahr nachdem Afonso Henriques zum ersten König Portugals aufgestiegen war und Coimbra zur Hauptstadt seines Reiches erkoren hatte. 1180 konnte der Bau vollendet werden; er diente bis 1260, dem Jahr der Verlegung der Residenz nach Lissabon, als Krönungskirche. Sein Inneres mit Emporen, Tonnenwölbung und Querhaus zeigt deutlich den Einfluss der Kirchen am Pilgerweg.

Coimbra, Alte Kathedrale (Sé Velha), 1140–80, Blick in südliches Querhaus und Langhaus sowie Außenansichten der Westfassade und des Chors.

Ely, Kathedrale

Die Geschichte der Benediktinerabtei von Ely reicht bis in das 7. Jahrhundert zurück. Die bestehende Kirche wurde 1083 von dem ersten normannischen Abt Simeon begonnen; 1109 erhielt sie den Rang einer Kathedrale. Mit 13 Jochen besitzt das dreischiffige Langhaus gewaltige, für die anglo-normannische Architektur jedoch nicht ungewöhnliche Ausmaße. Nachdem er bei einem Brand im Jahr 1322 eingestürzt war, ersetzte man den Vierungsturm durch ein gewaltiges Oktogon, eine einzigartige, 400 t schwere Holzkonstruktion, die außen mit Blei verkleidet wurde. – Die Deckenmalereien des Mittelschiffs stammen aus dem 19. Jahrhundert.

Rechts und gegenüber: **Ely,** Kathedrale, beg. 1083, vollendet 1. Hälfte 12. Jh. Das Oktogon wurde nach einem Entwurf des Sakristans Alan of Welsingham 1322–42 in Holz konstruiert.

Durham, Kathedrale

Die Kathedrale von Durham zählt zu den eindrucksvollsten Beispielen des anglo-normannischen Baustils. Hoch über dem Ufer des Wear gelegen, demonstriert ihr imposantes Äußeres die kirchliche und weltliche Macht des normannischen Reiches.

Wie auf dem französischen Festland experimentierte man auch in Durham mit der Wölbung in Stein: Bei dem 1093 begonnenen Bau war diese im Chor offenbar von Anfang an vorgesehen; die Wölbung des gesamten Mittelschiffs über Kreuzrippen – sie gilt als die früheste ihrer Art – erfolgte um 1120 in einer zweiten Bauphase. Den Wandaufriss des Langhauses bestimmt der ausgeprägte Wechsel von Bündelpfeilern mit gemusterten massiven Rundpfeilern.

Links: **Durham,** Kathedrale, 1093–1133, um 1175 westliche Vorhalle, Westtürme und Umgestaltung des Chors im 13. Jh.

Norwich, Kathedrale

Im Jahr 1091 gründete Herbert von Losinga, zuvor Prior der Abtei Fécamp in der Normandie, die Kathedrale zur Hl. Dreifaltigkeit in Norwich. Zunächst wurden der Chor und die beiden Seitenschiffe errichtet, die Arbeiten an dem 14 Joch langen, dreigeschossigen Langhaus zogen sich bis gegen Mitte des 12. Jahrhunderts hin. Dort war offenbar nur eine Holzbedachung vorgesehen; die dekorativen spätgotischen Fächergewölbe wurden erst im 14./15. Jahrhundert eingezogen. Auch der heutige, 96 m hohe Vierungsturm stammt aus dem 14. Jahrhundert.

Norwich, Kathedrale zur Hl. Dreifaltigkeit, beg. 1091, Abschluss der Arbeiten 14./15. Jh., Inneres und Außenansicht mit Vierungsturm.

Englische Zisterzienserkirchen

Auch die englischen Zisterzienserabteien orientierten sich, wie überall in Europa, an den unter Bernhard von Clairvaux ausgeprägten Idealen. Über die so genannte Filiation, die straff organisierte Gründung von Tochterklöstern, wurde das Vorbild der französischen Gründungsabteien immer wieder tradiert – bis hin zu regionalen, in diesem Fall meist burgundischen Stilformen. Dennoch passte man sich lokalen Bedürfnissen an, etwa in der Wahl des Baumaterials.

Die meisten der englischen Zisterzienserabteien wurden im Laufe der Jahrhunderte zerstört, so auch Fountains Abbey und Rievaulx Abbey (beide Yorkshire), die sich heute als ungemein malerische Ruinen präsentieren.

Links: **Fountains Abbey,** ehem. Zisterzienserkloster, gegr. 1135, Ansicht der Ruinen der Klosterkirche.

Unten: **Rievaulx Abbey,** ehem. Zisterzienserkloster, gegr. 1132, Blick auf die Kirche und die Überreste der Konventsgebäude.

Lund, Dom

Die skandinavischen Länder bekannten sich erst relativ spät, zwischen dem 9. und dem 12. Jahrhundert, zum Christentum. Die ältesten Kirchen wurden in Holz oder Feldsteinen errichtet, erst im 11. Jahrhundert entstanden monumentale Hausteinbauten. Zu diesen zählt der mächtige Dom von Lund, der 1145 geweiht wurde. Die dreischiffige gewölbte Basilika trägt reichen ornamentalen Schmuck; sie steht stilgeschichtlich in der Nachfolge des Speyrer Doms.

Borgund, Stabkirche

Holz war lange das bevorzugte Baumaterial Skandinaviens. In Norwegen zeugen heute noch etwa 30 Stabkirchen von der Kunstfertigkeit mittelalterlicher Zimmerleute und Schnitzer. Die Wände der Stabkirchen sind aus Pfosten gebildet, die ein hölzernes Skelett bilden; Dächer reihen sich stufenweise übereinander. Portale und Giebel sind mit Tierornamentik und Runenschriften geschmückt. Ein eindrucksvolles, spätes Beispiel dieser Architektur stellt die Kirche von Borgund dar.

Unten links und rechts: **Lund,** Dom, 1104–45, Restaurierung im 19. Jh. Der Dom von Lund wurde in hellem Sandstein errichtet.

Rechts und gegenüber: **Borgund,** Stabkirche, um 1150. Borgund gilt als die reifste der etwa 30 erhaltenen Stabkirchen Norwegens.

GOTIK

Als »maniera dei goti«, »Eigenart der Goten«, bezeichneten italienische Kunsttheoretiker des 15. und 16. Jahrhunderts alles, was nach ihrer Einschätzung barbarisch und ungeschlacht war. Vor allem die mittelalterliche Kunst des Nordens galt ihnen, die sie das klassische Erbe wiederbeleben wollten, als minderwertig. Erst als die Romantiker gegen Ende des 18. und zu Beginn des 19. Jahrhunderts die Architektur vor der Renaissance neu entdeckten, setzte eine positive Wertung dieser Epoche ein.

Heute wird die Kunst des späteren Mittelalters, etwa zwischen der zweiten Hälfte des 12. und dem beginnenden 16. Jahrhundert, als gotisch bezeichnet, obwohl ihre Entwicklung regional unterschiedlich verlief. Gab es in Frankreich erste Anzeichen gotischer Stilformen schon ab 1140, fand in Deutschland der Umbruch von der Spätromanik zur Frühgotik erst im Laufe des 13. Jahrhunderts statt. Das gleiche Problem stellt sich für die Bestimmung des Endes der Stilepoche: Während Michelangelo in Italien die Architektur der Renaissance zu voller Blüte brachte, wurden in anderen Ländern kühne spätgotische Hallenkirchen errichtet.

Die Definition des Begriffs »Gotik« hat sich daher in der Architektur weniger an Datierungen als an konstruktiven Details wie Spitzbogen und Kreuzrippengewölbe festgemacht. Sie sind jedoch nur Teil eines ästhetischen Gesamtkonzepts, dessen Ziel die Auflösung der Wand, die Durchdringung des Raums mit Licht ist. Diese »Entmaterialisierung« ist nicht nur formal zu verstehen, sie ist Vergegenwärtigung mystischer Ideen, wie sie in der zeitgenössischen Literatur und Philosophie entwickelt wurden. Gleichzeitig ist das Auftreten der Gotik in Frankreich an die Festigung der Monarchie gebunden. Die Sakralbauten, die entscheidend den Stil prägten, standen in enger Beziehung zum Hof, so die zur Grablege der französischen Könige bestimmte Abteikirche St-Denis, die Krönungskathedrale von Reims oder die Ste-Chapelle, die Kapelle der Pariser Residenz. Gotische Architektur wurde zur Prestigefrage: Zwischen Chartres, Reims und Amiens entbrannte ein regelrechter Wettstreit um das größte, schönste und technisch am ausgefeiltesten konstruierte Bauwerk. Erst der spektakuläre Einsturz des Chors von Beauvais 1284 setzte dem Rausch ein Ende.

Die Reformorden trugen wesentlich zur Internationalisierung der Gotik bei: Mit den Zisterziensern, deren Idealplan nahezu unverändert von Kloster zu Kloster weitergegeben wurde, hielten gotische Formvorstellungen europaweit Einzug. Sie stellten sich lokalen Traditionen: Die Backsteinbauten des Ostseeraums etwa entwickelten eine eigene, reizvolle Materialästhetik. Inbegriff gotischer Baukunst ist das Skelettsystem, das es erlaubt, weite, hohe Räume zu wölben, ohne dass die Grundmauern wesentlich verstärkt werden müssen. Der Schub der zwischen Rippen aufgemauerten Gewölbe, der Druck der mit Fenstern aufgelösten Wand leitet sich dabei über Strebebögen und Strebepfeiler nach außen ab (siehe Chartres, S. 90/91, und Coutances, S. 100).

Der Innenraum gleicht einem gläsernen Schrein, ihn begrenzt die filigrane Struktur der Gliederungselemente. In der Normandie erfand man die Zweischaligkeit der Wand: Während die innere Schicht durch Arkaden, Dienste und Mauerprofile aufgelöst ist, erscheint die äußere als reine Folie. Das Maßwerk, das aus geometrischen Grundelementen abgeleitete Bauornament, gliedert Fenster und später auch Wandflächen; aus relativ einfachen Formen entwickelt es sich bis zur Spätgotik zu einem verwirrenden Gespinst der Linien. Dasselbe gilt für die Gewölbe, die zum Experimentierfeld kühner und extravaganter Konstruktionen werden.

Oben: **Lübeck,** Marienkirche, Gewölbe der Annenkapelle (auch Briefkapelle genannt).

Links: **Salem,** ehem. Zisterzienser-Klosterkirche, Detail eines Maßwerkfensters.

Gegenüber: **Carcassonne,** Kathedrale St-Nazaire, Blick in Chor und Querhaus, beg. um 1280. Die wagemutige Konstruktion ließ sich nur mithilfe von sichtbaren Zugankern bewerkstelligen.

Pablo de la Riestra
Formenkunde Gotik / Kirchenbau

Basilika
Axonometrie, Innen- und Außenansicht

- Presbyterium/Chor
- Umgang
- Vierung
- Querhausarm
- Hauptschiff
- Seitenschiffe
- Scheitelkapelle
- Chorpolygon
- Dachreiter
- Strebepfeiler
- Strebebogen
- Obergaden
- Triforium
- Treppe
- Brüstung

Gotische Basilika
Axonometrie, Grundriss, Wandaufriss

Axonometrie (mit Einblick ins Kircheninnere)

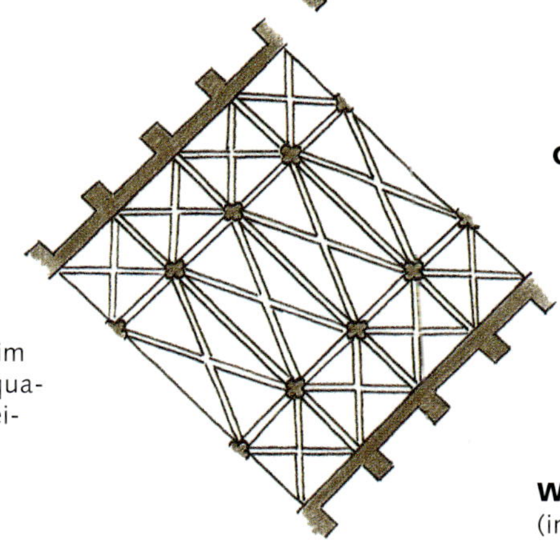

Grundriss

Joche rechteckig im Mittelschiff und quadratisch in den Seitenschiffen

Wandaufriss
(im Längsschnitt)

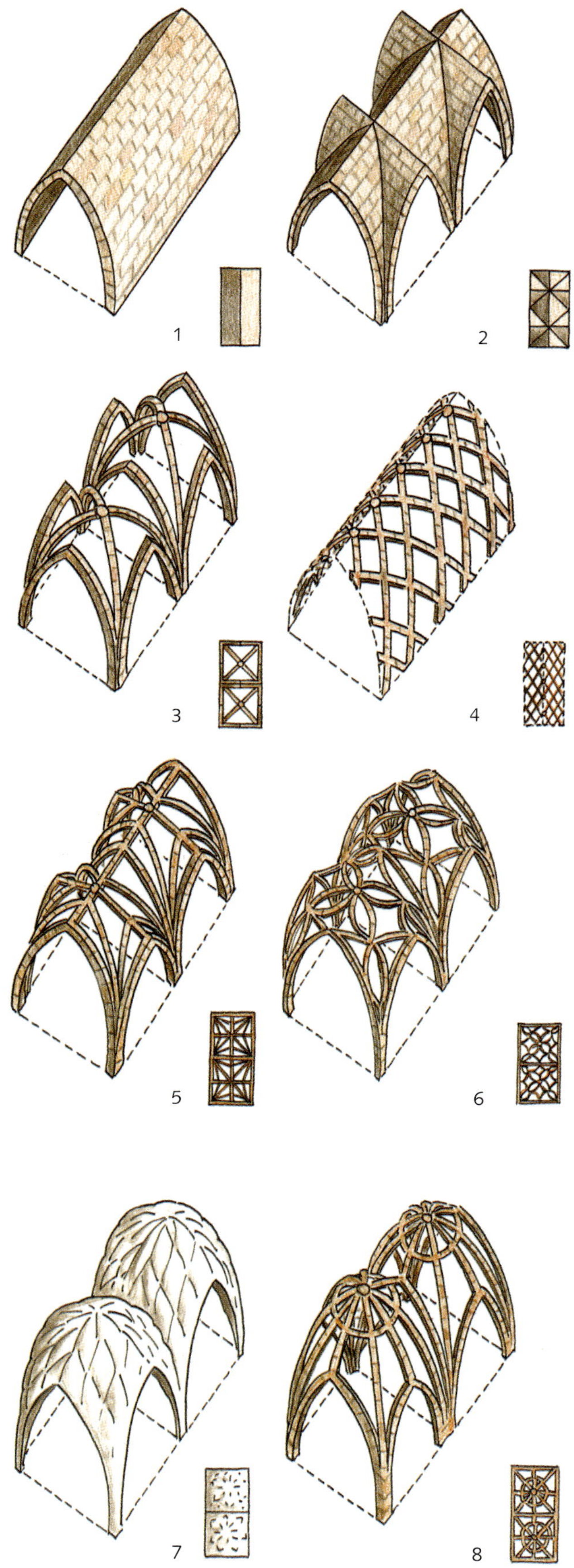

Gotische Gewölbeformen

1 Spitztonne (auch romanisch)
2 Kreuzgratgewölbe mit Spitztonne
3 Kreuzrippengewölbe
4 Netzgewölbe
5 Sterngewölbe
6 Schlinggewölbe
7 Zellengewölbe
8 Domikalgewölbe

St-Denis, Kathedrale (ehem. Benediktiner-Abteikirche), Chorumgang, 1140–44, (gegenüber), Westbau 1130/40 (ganzz unten), Außenansicht des Chors 1140–44 und 13. Jh. (rechts).
Der Grundriss zeigt das karolingische Lang- und Querhaus mit den frühgotischen Bauten Abt Sugers.

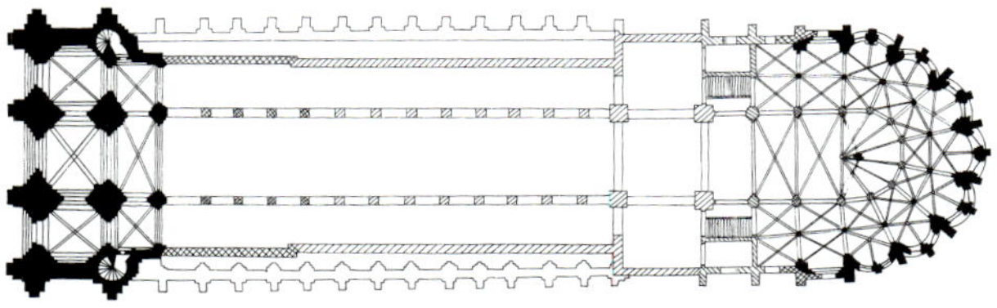

St-Denis, ehem. Benediktiner-Abteikirche

Die Benediktinerabtei St-Denis vor den Toren von Paris spielte eine bedeutende Rolle für das französische Königtum: Karl der Große hatte sich in ihr 754 zum fränkischen König krönen lassen, Karl der Kahle wurde in ihren Mauern bestattet. Die Reliquien des hl. Dionysius und die Legende, das Langhaus der Kirche sei von Christus selbst geweiht worden, trugen ein Weiteres zu ihrer Popularität bei. Als im 12. Jahrhundert der Gelehrte und machtbewusste Abt Suger die Geschicke der Abtei lenkte, wurde ihre Klosterkirche auch zum Angelpunkt der Architekturgeschichte – ihr Westbau (1130/40) und ihr Chorumgang (1140–44) gelten als Gründungsbauten der Gotik.

In beiden Fällen kann allerdings nicht von einer vollkommenen Neuschöpfung gesprochen werden: Der Westbau nimmt als Typus das karolingische Westwerk wieder auf, seine Massivität erinnert an normannische Fassaden. Neu ist hingegen die kraftvolle vertikale Akzentuierung mittels Strebepfeilern und die plastische Durchgliederung der gesamten Wand. Auch die Spitzbogen des Chors und die Wölbung über Rippen sind keine Neuerfindungen Sugers, sie wurden in Burgund bzw. in der Normandie seit Jahren erprobt. In St-Denis sind diese Elemente jedoch in stringenter Weise verbunden, um einen neuen, offenen Raum zu erzeugen. Tatsächlich ist die Wandfläche des doppelten Chorumgangs kaum mehr wahrzunehmen. Die Fenster reichen fast bis auf den Boden herab und verleihen so dem Raum eine feierliche Helligkeit.

Das karolingische Langhaus der Kirche wurde, wie auch das Querhaus und die oberen Partien des Chors, im 13. Jahrhundert hochgotisch erneuert.

Paris, Kathedrale Notre-Dame, 1163–um 1245, Chor (oben), Langhauswand (links; vor der Vierung ist der ursprünglich vierteilige Aufriss der Langhauswand rekonstruiert), Querhausfassade von Südost (gegenüber oben), Westfassade (gegenüber unten).

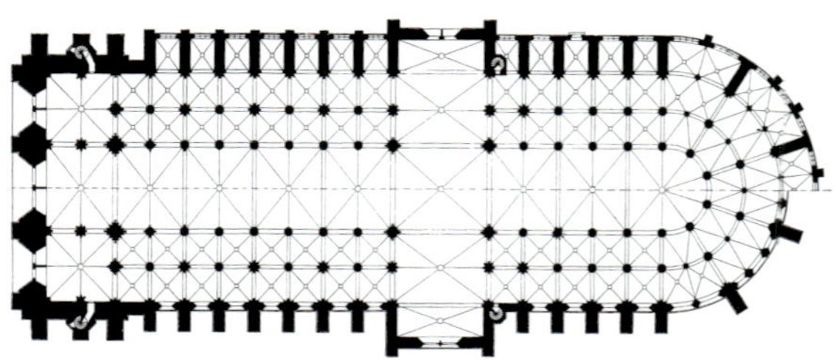

Paris, Notre-Dame

Für Notre-Dame in Paris musste ein ganzes Quartier der Île de la Cité abgerissen werden – mit 130 m Länge und 35 m Höhe sollte die Kathedrale der französischen Residenz eine der größten ihrer Zeit werden. 1163 legte Papst Alexander III. den Grundstein, 1245 konnte das ehrgeizige Unterfangen mit der Fassade im Westen im Wesentlichen abgeschlossen werden.

Wie sonst nur wenige herausragende Sakralbauten, etwa St. Peter in Rom und die Abteikirche von Cluny, erhielt Notre-Dame fünf Schiffe, die hier in einen doppelten Umgangschor münden. Doch offenbart nicht nur der Grundriss den hohen Anspruch des Pariser Projekts, auch im Aufriss suchte man neue, spektakuläre Lösungen: So wirkt die Wand des Langhauses extrem dünn, nahezu zerbrechlich; schlanke Dienste laufen ohne Unterbrechung durch die bislang üblichen Schaftringe bis in die schlanken Rippen fort. Auf diesen lagern die riesigen Kappen des sechsteiligen Gewölbes.

Die Westfassade ist trotz ihrer etwa 50-jährigen Bauzeit ein Muster an Harmonie und Klarheit und fand vielfach Nachahmung. In ihrer Struktur mag sie an einen Triumphbogen erinnern, und in der Tat bieten die effektvolle Reihung der 28 Statuen in der Königsgalerie sowie die 10 m Durchmesser überspannende Rose triumphale Motive. Auf allzu kräftiges Wandrelief ist hier verzichtet. Die drei Portale tragen üppigen Figurenschmuck; sie sind der Jungfrau Maria, dem Jüngsten Gericht und der hl. Anna gewidmet.

Laon, Kathedrale Notre-Dame, 1160–1220, Gesamtansicht mit dem erneuerten Chor (oben), Fassade, beg. vermutlich um 1190 (links) und Innenansicht (gegenüber).

Die Kathedrale von Laon liegt in beherrschender Lage über der Stadt; ihre fast barock anmutende Fassade zählt zu den Höhepunkten gotischer Architektur.

Laon, Kathedrale

Die Kirche Notre-Dame in Laon, die um 1160 begonnen wurde, gilt als Juwel unter den frühgotischen, meist viergeschossigen Kathedralen. Die Ausgewogenheit, die dem Bau eigen ist, beruht auf dem Gleichgewicht zwischen flacher Wand und profiliertem »Gerüst«, das die Tektonik des Raums deutlich zur Schau stellt. Offenbar war man sich dieser Harmonie des Inneren sehr wohl bewusst, denn als im 13. Jahrhundert der ausgedehnte Chor errichtet wurde, passte man dessen Formen den älteren Partien des Gebäudes an.

Die Fassade der Kathedrale von Laon stellt ebenfalls eine Ausnahmeerscheinung dar: Mit ihren tiefen Aushöhlungen der Portale und Fenster, der Türme und Tabernakel liefert sie ein kontrastreiches Wechselspiel von Licht und Schatten, von Materie und Vakuum, das in dieser Vollkommenheit von keinem anderen Bau der Epoche erreicht wurde. Trotz dieses plastischen und sehr eigenwilligen Auftretens ist die Fassade klar auf den Kirchenraum, der sich dreischiffig hinter ihrer Front eröffnet, bezogen.

Chartres, Kathedrale

876 schenkte Karl der Kahle der Bischofskirche von Chartres eine einzigartige Reliquie, die Tunika der Jungfrau Maria. Von diesem Zeitpunkt an sah sich das kleine Städtchen in der Beauce einem nicht enden wollenden Strom von Pilgern gegenüber gestellt, der ständige Erweiterungen des Gotteshauses nach sich zog. Die heutige Kathedrale, Inbegriff gotischer Architektur, wurde 1194 nach einem Brand des romanischen Vorgängerbaus begonnen und nach kurzer Bauzeit um 1220 vollendet. Dabei wurden ältere Teile, so die Krypta und die Westfassade, in den Neubau integriert.

Schon lange bevor man Chartres erreicht, erblickt man die auf einem Hügel gelegene majestätische Kathedrale mit ihren

Chartres, Kathedrale, 1194–um 1220.
Links: Sicht von Süden auf die Stadt und die über ihr thronende Bischofskirche.

Unten: Aufsicht auf das Stützsystem (Strebewerk) der Außenwand.

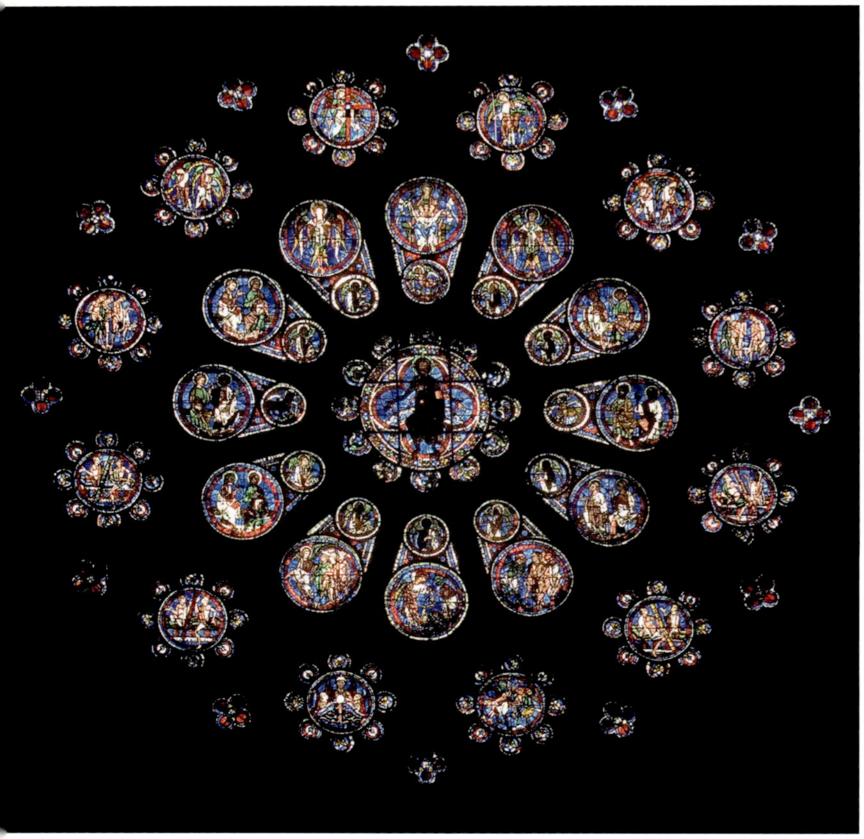

ungleichen Türmen und dem massiven Strebewerk. Auch ihr Inneres wirkt monumental, zugleich aber ungemein feingliedrig und wohl proportioniert, ein Effekt, der dem neuen dreizonigen Wandaufriss (Arkaden, Triforium, Obergaden) und den eleganten, kantonierten, d. h. von Halb- oder Dreiviertelsäulen flankierten Rundpfeilern zu verdanken ist. Beide Elemente wurden maßgeblich für die hochgotische Architektur. Das ausladende Querhaus und der geräumige doppelte Chorumgang mit Kapellen konnten eine große Anzahl von Gläubigen aufnehmen. Das Königsportal an der Westfassade entstand bereits 1145/55. Seine ausdrucksstarken Gewändefiguren leiteten eine neue Ära der Portalgestaltung ein.

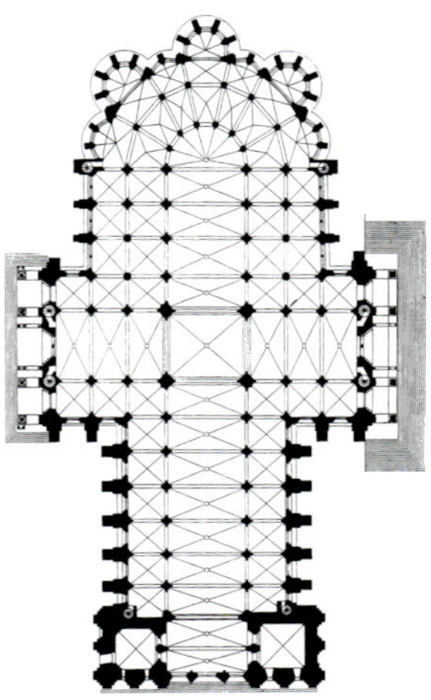

Chartres, Kathedrale, 1194–um 1220.
Oben links: Westrose, 1210/20.
Oben rechts: Glasfensterdetail mit Steinträgern bei der Arbeit an einem Kirchenbau.
Ganz rechts: Westportal, sog. Königsportal, 1145/55. Im Tympanon Christus als Weltenrichter, im Gewände biblische Könige. Die schlanken Figuren sind Inkunabeln gotischer Skulptur.
Gegenüber: Innenraum. Die Glasfenster der Kathedrale tauchen den Innenraum in ein mystisches blaues Licht. Zusammen mit denen der Kathedrale von Bourges bilden die Chartreser Scheiben das bedeutendste Ensemble dieser Kunstgattung – den Betrachter ebenso belehrend wie zugleich verzaubernd.

Bourges, Kathedrale

Die Kathedrale St-Étienne in Bourges wurde 1195 unter Erzbischof Heinrich von Sully begonnen. Ihr Ausbau vollzog sich in zwei Phasen: Der Chor konnte 1214 vollendet werden, die Arbeiten an Langhaus und Fassade wurden nach einer etwa zehnjährigen Pause 1235 aufgenommen und um 1255 weitgehend abgeschlossen.

Die gotische Kathedrale von Bourges entstand demnach gleichzeitig mit den Bischofskirchen von Soissons und Chartres – dennoch ist sie kaum mit diesen zu vergleichen. Im Grundriss fällt zunächst der Verzicht auf ein Querhaus auf; mit seinen fünf Schiffen und dem doppelten Umgangschor orientiert sich der Bau eher an Notre-Dame in Paris oder an der Abteikirche von Cluny.

Schon im Außenbau werden die Unterschiede zwischen Bourges und ihren Zeitgenossen deutlich: Prägen massive Strebepfeiler und -bögen das Erscheinungsbild von Soissons und Chartres, so überrascht Bourges mit nahezu filigranen Strukturen, die der Erdanziehungskraft zu trotzen scheinen. Auch der Charakter des Inneren ist ein grundsätzlich anderer als in Soissons und Chartres: Hier wirkt die Wand schwerelos, in Öffnungen aufgelöst, die Mauerflächen scheinen zwischen die riesigen Freipfeiler mit ihren zierlichen Diensten eingespannt zu sein. Ein originelles Detail ist, dass sich die Pfeiler über der Kapitellzone in Ausbuchtungen der Wand fortsetzen – dies suggeriert, dass auch die Gewölbe wie in das Gerüst der Stützen eingehängt erscheinen. Der gesamte Bau spielt mit der Negierung von Tragen und Lasten. Trotz dieser hochmodernen, effektvollen Züge fand Bourges kaum Nachfolge, sie blieb ein Unikat der Architekturgeschichte.

Zu den Schätzen der Kathedrale gehören die einzigartigen Glasfenster, die einen Einblick in die Entwicklung dieser Kunstgattung zwischen dem 12. und dem 17. Jahrhundert vermitteln.

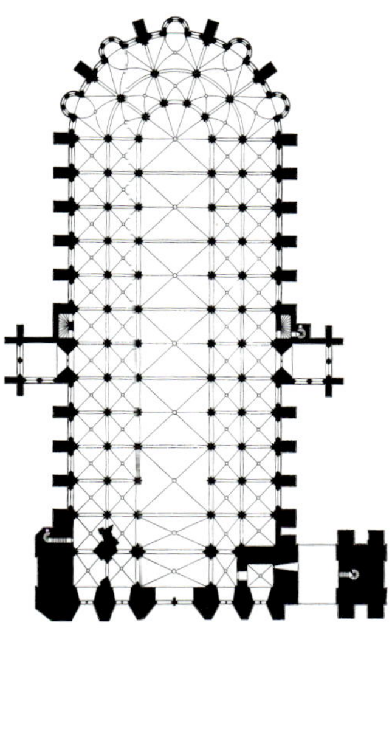

Bourges, Kathedrale St-Étienne, beg. 1195, Fertigstellung der Architektur um 1255, Weihe 1324, Umbauten im 14., 15. und 16. Jh. Außenansicht von Südost (gegenüber oben), Langhaus nach Osten (gegenüber unten links), Chorumgang (gegenüber unten rechts), Blick in das innere Seitenschiff (rechts).
Mit 124 m Länge, 41 m Breite und 37,15 m Höhe zählt Bourges zu den größten gotischen Kathedralen Frankreichs. In ihr werden Reliquien des hl. Stephan (St-Étienne) verehrt, die im 3. Jh. in die Stadt gelangt waren.

Reims, Kathedrale

In der Kathedrale Notre-Dame in Reims wurden seit dem 9. Jahrhundert die französischen Könige gesalbt und gekrönt – schon allein deshalb musste ihr Bau höchsten Ansprüchen genügen. Als 1210 die alte Kirche abbrannte und man im Jahr darauf den Grundstein für den Neubau legte, orientierte man sich am Aufwändigsten, was zu Beginn des 13. Jahrhunderts im Entstehen begriffen war: Chartres. Viele Elemente wurden von dem um 17 Jahre älteren Bau übernommen, jedoch, um lokale Traditionen bereichert, neu in Szene gesetzt. Insgesamt fünf Baumeister leiteten die Arbeiten bis zur Fertigstellung um 1300. Ihre Namen wurden im steinernen Labyrinth im Fußboden der Kathedrale verewigt. Zu den wegweisenden Neuerungen, die von Reims ausgingen, gehören die Maßwerkrosetten im Obergaden. Sie steigerten nicht nur den Reiz der Fensteröffnungen, sondern setzten zugleich neue technische Maßstäbe: Ihr dünnes Stabwerk ließ sich schnell herstellen und konnte mit Schablonen vorgefertigt werden. Das Maßwerk wurde zum Inbegriff gotischen Bauschmucks.

Gegenüber: **Reims,** Notre Dame, beg. 1211–um 1300, Ansicht des Chors von Osten.
Die Strebepfeiler sind durch Tabernakel »ausgehöhlt« und enthalten monumentale Engelsstatuen.

Unten links und rechts: Westfassade mit Figurenportalen, Rose und Königsgalerie sowie Innenansicht nach Westen. Wie in Chartres gliedern kantonierte Pfeiler den dreigeschossigen Wandaufriss.

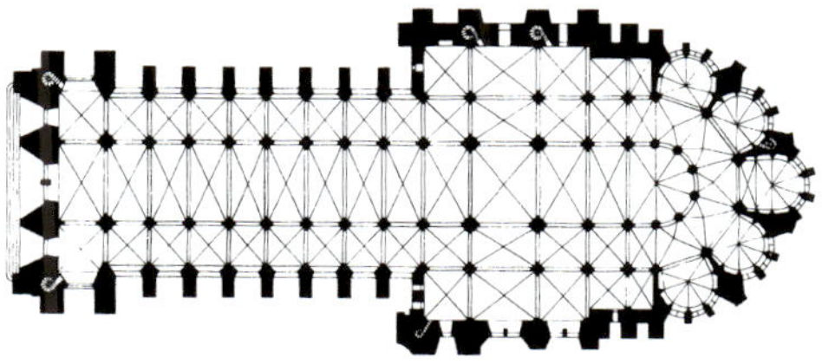

Amiens, Kathedrale Notre-Dame, 1220–88, Hauptportal (unten links), und Innenansicht (unten rechts). Das Skulpturenprogramm der Portale illustriert die Heilsgeschichte: Am Trumeau (Mittelpfeiler) des Hauptportals erscheint die edle Christusgestalt des Beau Dieu. Ihn umgeben die Gewändefiguren der klugen und törichten Jungfrauen, der Apostel und Propheten. Im Tympanon mahnt das Jüngste Gericht die Gläubigen zur Buße.

Gegenüber: Die Westfassade von Amiens wirkt filigraner als alle Bauten vor ihr. Drei hohe Portale tragen Laufgang und Figurengalerie, doppelstöckige Türme flankieren die flamboyante Maßwerkrose.

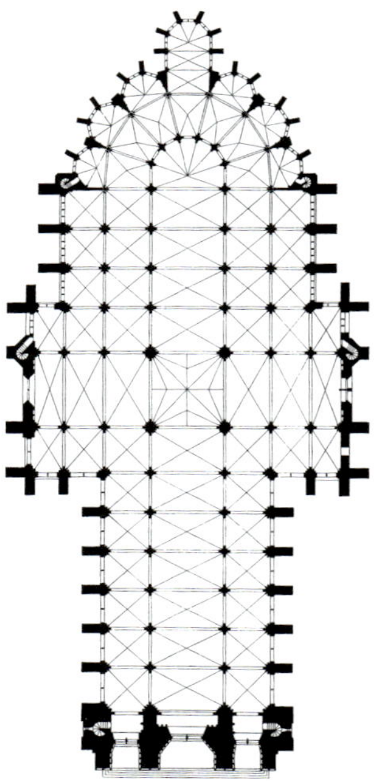

Amiens, Kathedrale

Die Kathedrale von Amiens sollte Chartres und Reims an Pracht noch übertreffen. Dies war nur möglich, weil die Bautechnik zu Beginn des 13. Jahrhunderts so große Fortschritte machte, dass schneller, kostengünstiger und eleganter, d. h. weniger massiv gearbeitet werden konnte. Amiens verdankt seine feingliedrige, von Licht durchflutete Struktur dem Baumeister Robert de Luzarches und dessen Nachfolgern, die das Werk in erstaunlicher Einheitlichkeit zwischen 1220 und 1288 vollendeten. – Mit Amiens beginnt die Phase der französischen Rayonnant-Gotik. Charakteristisch für den Innenraum sind die hohen Arkaden, die die Hälfte des dreizonigen Wandaufrisses einnehmen, sowie das »durchlichtete« Triforium im Chor, das anstelle einer dunklen Rückwand Glasfenster aufweist.

Schon die Fassade, die wie hauchdünnes Gespinst anmutet, entrückt den Betrachter in eine andere Welt. Der Kontrast zu den umgebenden, sich eng an die Kathedrale schmiegenden Wohnbauten dürfte überwältigend gewesen sein.

Coutances, Kathedrale Notre-Dame

Die Kathedrale von Coutances in der Normandie stellt einen Sonderfall der Architekturgeschichte dar: Ihr romanischer Vorgängerbau fiel nicht – wie in den meisten anderen Fällen – einem Brand zum Opfer, sondern wurde schrittweise von West nach Ost erneuert. So lässt sich hier nicht nur das Reifen technischer Möglichkeiten, sondern auch die stilistische Entwicklung der gotischen Architektur verfolgen. Sind in der Fassade und im Langhaus noch romanische Mauern erhalten, so präsentiert sich der Chor als kompletter Neubau in hochgotischen Formen. Seine Vorbilder sind in der Herrenstiftskirche St-Étienne in Caen sowie in der Kathedrale von Le Mans zu suchen.

Die Kathedrale wird, wie im normannischen Sakralbau üblich, von einem hohen oktogonalen Vierungsturm überragt. Vor allem in seinem Inneren ist dieser zu höchster Raffinesse gesteigert.

Coutances, Kathedrale, erneuert ab 1180, Ansicht von Osten, um 1220. Deutlich ist die Höhenstaffelung des Chorhaupts zu erkennen: Hinter dem Kapellenkranz erheben sich die durchfensterten Wände des äußeren und inneren Umgangs.

Auxerre, Kathedrale St-Étienne

Die Geschichte der gotischen Kathedrale von Auxerre begann 1215, als Bischof Guillaume de Seignelay den Neubau der dem hl. Stephan geweihten Bischofskirche veranlasste. Die Arbeiten zogen sich allerdings bis ins 16. Jahrhundert hin, da in den Ostpartien immer neue statische Probleme auftraten. Hier hatte man die alte romanische Krypta erhalten, doch scheint dies nicht der Grund für die Rückschläge gewesen zu sein. Trotz der zahlreichen Sicherungsmaßnahmen überzeugt gerade der Chor durch Eleganz und Feingliedrigkeit. So öffnet sich die Scheitelkapelle hinter zwei überschlanken Säulen. Ihre Gewölbe wirken wie fragile Baldachine, die zwischen die Stützglieder eingehängt sind.

Das Äußere des Baus spiegelt die wechselvolle Baugeschichte wider: Die Fassade gehört bereits dem spätgotischen Flamboyant-Stil an; der südliche Turm wurde nicht ausgeführt.

Auxerre, Kathedrale St-Étienne, 1215–16. Jh.
Oben: Außenansicht.
Links: Blick in die Scheitelkapelle des 1234 vollendeten Chorumgangs.

Königskapellen

In Epochen, in denen sich Kaiser und Könige auf »Gottes Gnaden« beriefen, kam der Hof- oder Palastkapelle ein außergewöhnlicher Rang im Gefüge der Residenz zu. So verwundert es nicht, dass ihre staatspolitische Bedeutung mit künstlerischen Mitteln unterstrichen wurde. Aus Zeiten Ludwigs des Frommen (1223–70) haben sich im Pariser Raum gleich zwei Bauten erhalten, die – nicht an Größe, doch an Kostbarkeit – viele andere in den Schatten stellen: Es sind die Ste-Chapelle des Schlosses von St-Germain-en-Laye und die Ste-Chapelle auf der Île de la Cité, Teil des einstigen Cité-Palastes. Man vermutet, dass beide Bauten von Pierre de Montreuil, dem Erbauer der Südquerhausfassade von Notre-Dame, geschaffen wurden, doch fehlen bis heute endgültige Beweise. Die Qualität der Konstruktion und die Raffinesse der Ausstattung sprechen indes ihre eigene Sprache: In St-Germain-en-Laye ist es die »Vielschichtigkeit« der Wand, die hier kunst- und lustvoll inszeniert wird. Bedauerlicherweise fehlen die originalen farbigen Scheiben, die weitere malerische Effekte erzielten.

In der Oberkirche der Pariser Ste-Chapelle sind diese erhalten und tragen zu der einzigartigen Atmosphäre des Raumes bei. Hier ist die Wand vollkommen in Fensterbahnen und Fassung aufgelöst, ein gläserner Schrein, der den sakralen Rahmen für den König und seinen Kult abgibt. Die Ste-Chapelle birgt die Reliquie der Dornenkrone Christi. Mit ihrer Präsentation verband sich die Verehrung der französischen Krone und des gekrönten Königs.

Oben links und rechts: **St-Germain-en-Laye** (Yvelines bei Paris), Ste-Chapelle, beg. 1238, Innen- und Außenansicht. Die Schlosskapelle Ludwigs des Heiligen »spielt« mit der Auflösung der Wand.

Unten und gegenüber: **Paris,** Ste-Chapelle, Palastkapelle des einstigen Palais de la Cité, beg. 1241, Weihe 1248, Blick in die Unterkirche (unten) und in die Oberkirche mit ihren kostbaren Scheiben (gegenüber).

Oben: **Toulouse,** sog. Jakobinerkirche, um 1285–1385. Der zweischiffige Bau mit den kunstvollen Gewölben ist ein Meisterwerk der südfranzösischen Ordensbaukunst. In der Weite des Raums und der den ganzen Raum umziehenden Fenster deutet sich die Spätgotik an.

Gegenüber oben: **Albi,** Kathedrale Ste-Cécile, 1282–um 1330. Die Kathedrale von Albi mutet wie ein Festungsbau an und hat wenig mit den Bischofskirchen Nordfrankreichs gemein. Der von Wandpfeilern und Quertonnen gestützte Saal steht in südfranzösisch / katalanischer Tradition.

Gegenüber unten: **Narbonne,** Kathedrale St-Just, 1272–1354, Ansicht des hochgotischen Umgangschors. Der Bau des Langhauses wurde immer wieder verschoben, da man dafür Teile der Stadtmauer hätte einreißen müssen. Das Projekt wurde im 18. Jh. vollkommen aufgegeben.

Gotik in Südfrankreich

In der zweiten Hälfte des 13. Jahrhunderts breiteten sich die von der nordfranzösischen Kathedralgotik ausgehenden Impulse in weiten Teilen Europas aus. Im Süden Frankreichs stießen die neuen Typen und Techniken jedoch nicht unbedingt auf offene Türen: Zum einen hatte sich im Midi eine eigene, reiche Baukultur entwickelt, zum anderen war die Gotik der Île de France aufs Engste mit der Krone verbunden; sie konnte als unliebsame »royalistische« Machtdemonstration gelesen werden.

Zur Erinnerung: Das Languedoc hatte im 12. und 13. Jahrhundert eine von Krisen geschüttelte Phase durchlebt. Die Unabhängigkeitsbestrebungen der Grafen von Toulouse, die Aufstände der Katharer und der Vorwurf der Häresie, als Folge davon das Morden und Sengen der Kreuzritter, schließlich der blutige Eroberungsfeldzug Ludwigs VIII., der sein Reich endgültig bis zum Mittelmeer auszudehnen gedachte und 1229 Graf Raymond VII. von Toulouse zur Kapitulation zwang – all dies trug dazu bei, dass der Norden und der Süden Frankreichs einander abwartend bis feindselig gegenüberstanden.

Dennoch übernahm man im letzten Drittel des 13. Jahrhunderts die Merkmale nordfranzösischer Kathedralen: basilikale Struktur, Steigerung ins Vertikale, raffinierter Baudekor – ob dies auf die Kooperation des Klerus mit der Krone zurückzuführen oder als Ausdruck stilistischen Neuerungswillens zu verstehen ist, mag dahingestellt bleiben. In jedem Fall wurden mit den Kathedralen von Narbonne, Toulouse und Rodez Bischofskirchen errichtet, die höchsten Ansprüchen an Ästhetik und Perfektion genügten. Ihre Baumeister bedienten sich neuester Technologien, die zu einer Rationalisierung des Bauwesens führten.

Die Kathedrale von Albi (begonnen 1282) ist das eindrucksvollste Beispiel für das Fortleben regionaler Eigenheiten in der Gotik des Midi. Mehr Festung als Gotteshaus, umschließen kompakte Ziegelmauern mit schachtartigen Fenstern den Saalraum; einzig die nach innen gezogenen Strebepfeiler setzen Zäsuren und schaffen dunkle, einst die gesamte Höhe des Raumes durchbrechende Kapellen. Der Eindruck von Schwere und Düsternis dürfte ursprünglich noch stärker gewesen sein – die Emporen und die unteren Fenster wurden erst im späten 15. Jahrhundert eingefügt.

Die Jakobinerkirche in Toulouse (begonnen um 1285) war die Mutter- und Hauptkirche des Dominikanerordens, der sich der Ketzerverfolgung verschrieben hatte. Auch sie ist eine Halle, die hier jedoch in zwei Schiffe unterteilt ist – eines für die Ordensbrüder, das andere für die Laien. Höhepunkt der ungemein erfindungsreichen Architektur ist der so genannte Palmbaum, der östlichste Pfeiler, der sich in dem sternförmigen Apsisgewölbe fortsetzt.

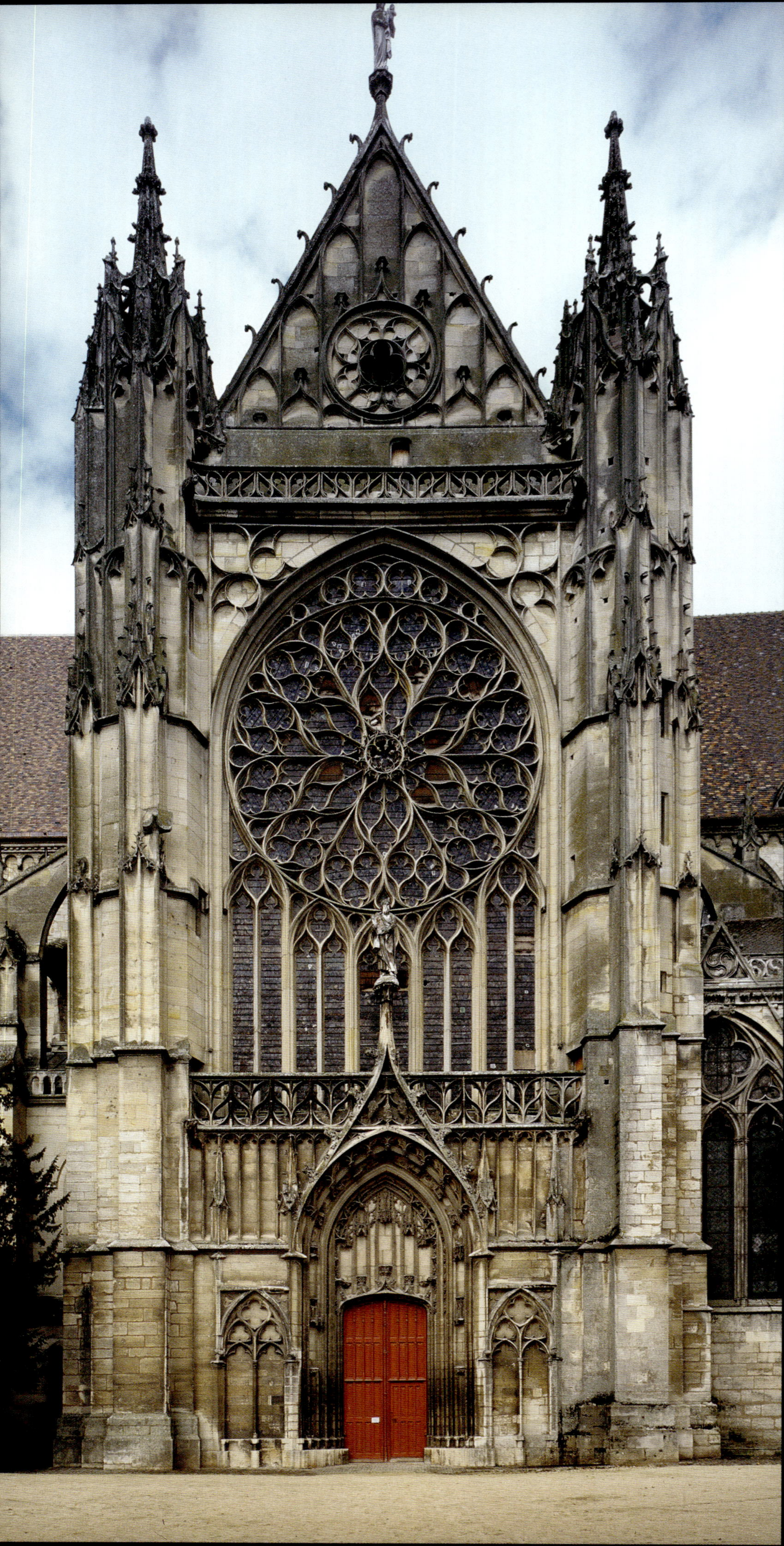

Oben: **Rouen,** St-Ouen, Vierungsturm, um 1440–1515. Der mächtige Vierungsturm der ehem. normannischen Abteikirche entstand in zwei Etappen: Die viereckigen unteren Geschosse wurden um 1440, der bekrönende achteckige Abschluss wurde gegen Ende des 15. Jhs. errichtet.

Links: **Sens,** Kathedrale St-Étienne, südliche Querhausfassade, 1490–1512. Martin Chambiges ist Schöpfer der flamboyanten Fassade, die dem 1130 begründeten gotischen Bau angefügt wurde.

Gegenüber: **Bourg-en-Bresse,** Klosterkirche Brou, 1513–32, Lettner. Brou wurde 1506 von der niederländischen Regentin Margarete von Österreich gegründet und zur Grablege ihres jung verstorbenen Gatten Philibert des Schönen bestimmt. Mit ihrer exquisiten Architektur und der prachtvollen Ausstattung ist die von Loys van Boghem erbaute Kirche ein Gesamtkunstwerk der Spätgotik.

Die Architektur der Spätgotik galt lange als Kunst des Verfalls, die der hochgotischen Baukunst des 13. Jahrhunderts nichts Schöpferisches mehr entgegenzusetzen hatte. Tatsächlich blieb zwischen dem 14. und dem 16. Jahrhundert, bis unter François I. die Renaissance in Frankreich Einzug hielt, die »klassische Kathedrale« das Leitbild, das immer wieder variiert wurde. Und dennoch entstanden großartige Kunstwerke, die den Vergleich mit ihren Vorgängern nicht scheuen müssen: Immer wieder überrascht der Einfallsreichtum, mit dem sich Ornament- und Maßwerkformen verwandeln und verfließen, bis sie sich virtuos verselbständigen; der französische Begriff *flamboyant,* d. h. wie Flammen züngelnd, gibt die Dynamik dieser Elemente treffend wieder. Wände und Fassaden schmücken sich mit einem »Spitzenkleid«, das den Baukörper dekorativ umspielt. Der Steinschnitt erreicht eine Präzision und Feinheit, die ihn in die Nähe von Goldschmiedearbeiten rückt. Trotzdem aber ist die Spätgotik kein reiner Dekorationsstil: So wurden vor allem im 15. und im 16. Jahrhundert großartige Räume geschaffen, die sich durch konsequente Vereinheitlichung und Verschmelzung der Bauteile auszeichnen. Das Licht, das nun durch großflächige, helle Fenster in das Innere hineinfließt, trägt das Seinige zu einem neuen, entmaterialisierten Raumeindruck bei.

In Frankreich setzte die Spätgotik um 1380 ein, kam aber erst nach dem Ende des Hundertjährigen Krieges, nach 1453, zu voller Entfaltung. Häufig wurden Kirchen, deren Errichtung wegen der Kriegswirren unterbrochen worden war, spätgotisch vollendet; es entstanden jedoch auch zahlreiche neue städtische Repräsentationsbauten.

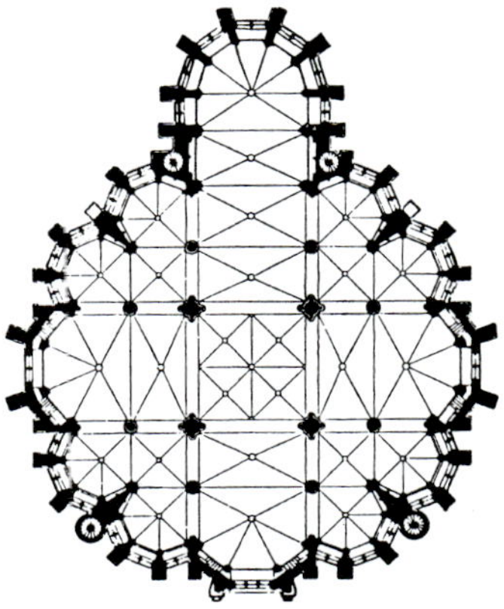

Gegenüber: **Trier,** ehem. Domstiftskirche Unserer Lieben Frau, beg. vor 1235 (?), Ansicht von Osten. Der östliche Arm des kreuzförmigen Zentralbaus ist zum Chor verlängert.

Trier, Liebfrauenkirche

Die Liebfrauenkirche in Trier gilt, neben der Elisabethkirche in Marburg, als Gründungsbau der klassischen Gotik in Deutschland. Tatsächlich nimmt der vor 1235 begonnene Bau französische Motive vor allem aus dem Reimser Raum auf: kantonierte Pfeiler, Zweigeschossigkeit, Maßwerkfenster, Kreuzrippenwölbung – verbindet diese aber auf innovative Art.

Im Unterschied zu ihren Vorbildern ist die Liebfrauenkirche ein Zentralbau, gebildet aus zwei kurzen dreischiffigen Kreuzarmen, in deren Winkel Radialkapellen eingestellt sind. Der östliche Arm ist als Chor etwas verlängert. Die für eine Pfarrkirche ungewöhnliche Disposition dürfte auf einen spätantiken Vorgängerbau zurückzuführen sein. Sie ist vermutlich auch der Grund für die eigentümliche Neuordnung französischer Bauelemente.

Marburg, Elisabethkirche

Die Spital- und Wallfahrtskirche St. Elisabeth in Marburg an der Lahn ist stilistisch eng mit der Trierer Liebfrauenkirche verwandt, auch hier wurden frühgotische Architekturformen der Champagne zitiert und selbstständig weiterentwickelt.

Die Elisabethkirche wurde ab 1235 über dem Grab der vier Jahre zuvor gestorbenen und umgehend heilig gesprochenen Elisabeth von Thüringen errichtet, einer Fürstin, die wegen ihres sozialen Engagements ungeheure Popularität genoss. Der auf Geheiß des Deutschen Ordens errichtete Bau vereint zwei unterschiedliche Raumformen: die Halle des Langhauses und die Dreikonchenanlage des Chors – Letztere ein in der rheinischen Romanik geprägter Typus. Hier befinden sich seit dem 14. Jahrhundert die Gräber der hessischen Landgrafen, die in unmittelbarer Nähe der Heiligen bestattet sein wollten.

Oben und rechts: **Marburg an der Lahn,** Spital- und Wallfahrtskirche St. Elisabeth, beg. 1235, Innenansicht des Langhauses nach Westen und Außenansicht von Südosten mit Blick auf die Dreikonchenanlage.

Straßburg, Münster, 1250–75. Innenansicht des Langhauses nach Westen (oben) und Außenansicht des Langhauses mit spätromanischem Querhaus (rechts).

Straßburg, Münster

Um 1250 begannen die Arbeiten am gotischen Neubau des Langhauses des Straßburger Münsters, obwohl erst unmittelbar zuvor Chor und Querhaus in spätromanischen Formen vollendet worden waren. Das, was man hier bis 1275 aufführte, zählte zum Modernsten, was in Frankreich und in den Grenzen des Römischen Reiches dereinst errichtet wurde. Offenbar stand der Neubau der Abteikirche von St-Denis bei Paris Pate, denn hier wie dort findet man Pfeiler mit bis zum Gewölbeansatz zäsurlos durchlaufenden Diensten, das durchlichtete Triforium und die mit Maßwerk geschmückten Fenster. Die Anpassung dieser Elemente an das ältere Querhaus stellte eine besondere künstlerische Herausforderung dar. Nach Vollendung des Langhauses wurde der Grundstein für die grandiose Westfassade (Abb. S. 2) gelegt, als deren Schöpfer Erwin von Steinbach gilt. Obwohl dies heute fragwürdig erscheint, so wurde ihm doch durch Goethe ein romantisches Denkmal gesetzt.

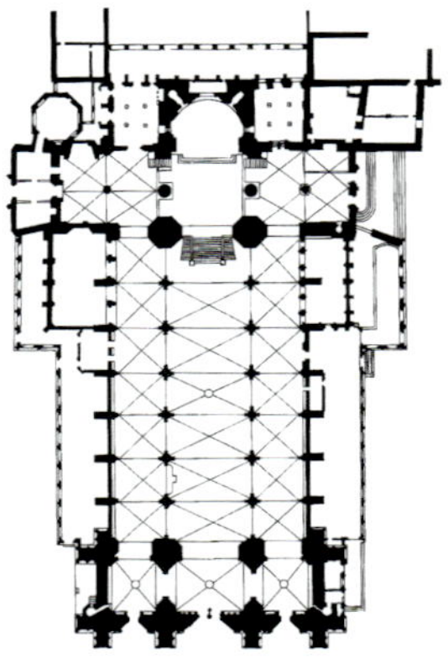

Freiburg, Münster

Wie die meisten Sakralbauten des Mittelalters wurde auch das Freiburger Münster nicht in einem Zug und daher auch nicht »stilrein« errichtet. Überhaupt scheint das Nebeneinander der Stile, wenn nicht als Normalität, so doch zumindest als Herausforderung empfunden worden zu sein. Dies gilt im Besonderen für den Dom Unserer Lieben Frau, der um 1200 als Stiftung Bertholds V. von Zähringen begonnen wurde. Den spätromanischen Ostpartien folgte, wie häufig, das Langhaus, das frühgotisch überarbeitet wurde.

1354 begann Meister Johannes von Gmünd, ein Mitglied der Parlerfamilie, mit dem Neubau des polygonalen Chors samt Umgang und Kapellenkranz. Die Netzgewölbe, die den Hochchor schließen, konnten allerdings erst 1510 vollendet werden.

Zum Meilenstein der Architekturgeschichte wurde der hoch aufragende Westturm mit seinem filigranen Maßwerkhelm, »dem schönsten Turm der Christenheit«. Seine kühne Konstruktion wie seine verfeinerte Formensprache sind ohne prominente Vorläufer kaum zu erklären. Tatsächlich liegen die unmittelbaren Vorbilder in der Straßburger Westfassade und im so genannten Riss F des Kölner Doms. Die Ähnlichkeit der Motive belegt, dass die Architekturzeichnung zu einer unabdingbaren Voraussetzung des Formentransfers geworden war.

Freiburg, Münster Unserer Lieben Frau, beg. um 1200.

Links: Spätgotisches Fenster des Langhauses, im unteren Teil die Attribute der Zünfte, die die Scheiben stifteten, hier: das Schneiderfenster.

Gegenüber oben: Blick in den Maßwerkhelm des Turmes, nach 1301.

Gegenüber unten: Innenansicht des Chorraums.

Gegenüber rechts: Außenansicht des Münsters von Südost.

Köln, Dom

Der Kölner Dom galt der deutschen Romantik als Inbegriff mittelalterlicher deutscher Baukunst – architekturgeschichtlich betrachtet ist er jedoch französischer, als je eine französische Kathedrale hätte werden können.

Der heutige Dom erhebt sich an der Stelle mehrerer Vorgängerbauten. Seine Errichtung wurde bereits ab 1164 geplant, als die Reliquien der Heiligen Drei Könige in Kölner Besitz gelangten. Die Grundsteinlegung erfolgte jedoch erst im Jahr 1248 durch Erzbischof Konrad von Hochstaden. 1322 konnte der Chor, an dem verschiedene namentlich bekannte Meister beteiligt waren, geweiht werden; zu diesem Zeitpunkt war der Dom jedoch keineswegs vollendet; die Arbeiten zogen sich bis in das 19. Jahrhundert hin, als man die Fassaden des Querhauses, den Obergaden des Langhauses und den Großteil der Westfassade fertig stellen konnte.

Dennoch oder vielleicht gerade deswegen erscheint der Kölner Dom als »Perfektion« französischer Gotik. Hier wurde nicht experimentiert, vielmehr zog man eine Quersumme bereits erprobter Lösungen. Die Kathedralen von Amiens und Reims, die Abteikirche von St-Denis, schließlich die Hochschiffspartien der nie vollendeten und dennoch spektakulären Kathedrale von Beauvais lieferten die Muster für die Gestaltung des Kölner Idealbaus.

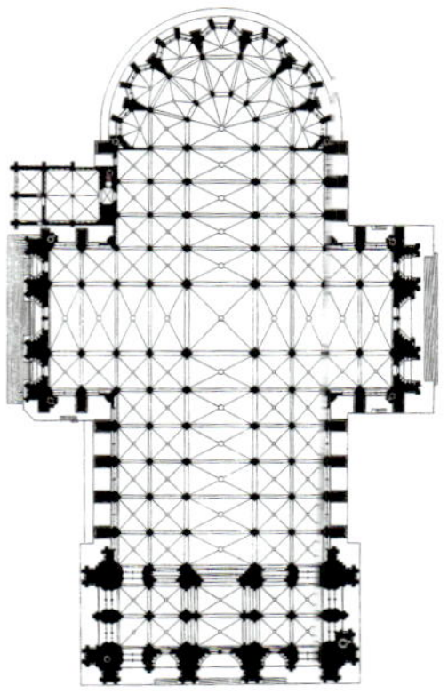

Köln, Dom, Grundsteinlegung 1248, Einstellung der Arbeiten 1560, Vollendung im 19. Jh.
Links: Außenansicht des 1322 geweihten Chors.

Gegenüber: Blick in Innenraum und Chor, der durch einen Umgang und sieben Kranzkapellen geschlossen wird.

Naumburg, Dom St. Peter und Paul

Die Skulpturen des Naumburger Doms zählen zu den Höchstleistungen gotischer Plastik in Europa. Anders als in Frankreich, wo sich Figuren und Dekor der Baustruktur unterordneten, erscheinen die zwölf lebensgroßen Stifterfiguren des Westchors als der frühgotischen Architektur ebenbürtig. Sie sind, wie auch der berühmte Westlettner, Werke des so genannten Naumburger Meisters, der in Frankreich geschult wurde und eine florierende Bildhauerwerkstatt unterhielt. Entstanden um 1250, sind die Fürsten der Ekkehardinischen und Wettinischen Häuser mit ungeheurer Freiheit dargestellt, erscheinen in Zeittracht und als beseelte Individuen – dies wurde in vergleichbarem Kontext zuvor nie gewagt. Von ungewöhnlichem Realismus zeugt auch die Christusfigur des Westlettners, der wie ein Kirchenportal den Zugang zum Westchor eröffnet. Alle Figuren waren farbig gefasst, was sie umso eindringlicher erscheinen ließ.

Naumburg, Dom St. Peter und Paul, beg. vor 1213 an der Stelle eines Vorgängerbaus, Vollendung nach zahlreichen Planwechseln im 14. Jh.
Oben: Blick auf den um 1330 erweiterten Ostchor und die Klausur.

Unten: Innenansicht des um 1250 begonnenen Westchors mit den Stifterfiguren des Naumburger Meisters und seiner Werkstatt. Ihre Fürbitte sollte den Lebenden den Eintritt ins Paradies erleichtern.

Gegenüber: Portal des Westlettners, um 1250, Naumburger Meister. Am Mittelpfeiler erscheint der sterbende Christus zwischen Maria und Johannes. Sein Antlitz ist von Blut überströmt, sein Blick gebrochen.

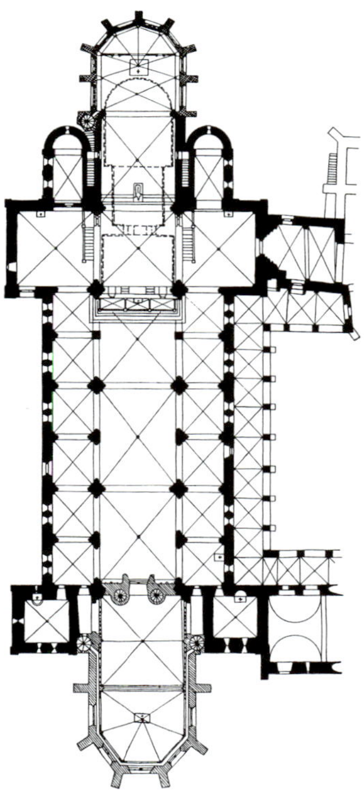

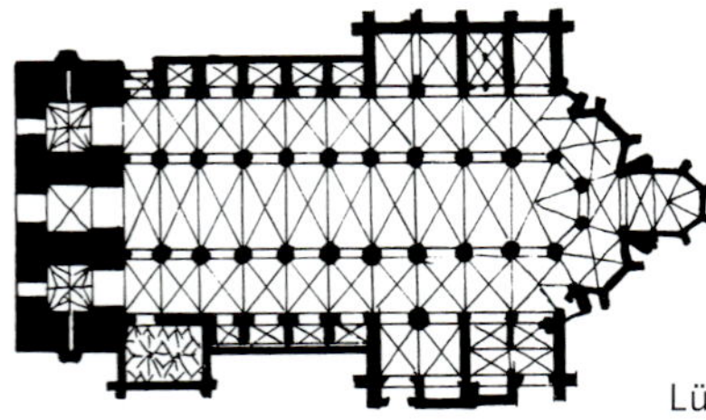

Lübeck, Marienkirche

Links: **Lübeck,** Pfarrkirche St. Marien, ca. 1266–1351, Blick in den nach französischen Vorbildern gestalteten Chor.

Rechts: **Prenzlau,** Marienkirche, ab 1325. Der reich dekorierte dreieckige Schmuckgiebel krönt die Fassade.

Gegenüber: **Chorin,** ehem. Zisterzienserabteikirche, 1273–1334. Fassade laut Urkunden Werk des Meister Conrad.

Die Marienkirche in Lübeck und die norddeutsche Backsteingotik

In den steinarmen Regionen Nord- und Osteuropas hatte man bereits im 12. Jahrhundert begonnen, repräsentative Bauten in Backstein aufzuführen. Die Technik hierfür kam aus der Lombardei, und so folgten die ersten romanischen Backsteinkirchen ebenfalls norditalienischen Vorbildern. Mit der Verbreitung der gotischen Architektur Nordfrankreichs kamen auch im Ostsee- und Hanseraum neue Leitlinien ins Spiel.

Schulbildend wurde die Marienkirche in Lübeck, die in der zweiten Hälfte des 13. Jahrhunderts nach dem unmittelbaren Vorbild französischer Kathedralen umgestaltet wurde. Ihr nunmehr basilikaler Aufriss – die kurz zuvor vollendete Halle des Langhauses war entsprechend modifiziert worden – sowie der Chor, in dem die Gewölbe der Kapellen mit denen der Umgangsjoche verschmolzen sind, lieferten Muster für zahlreiche weitere Pfarr- und Bischofskirchen in Norddeutschland, Skandinavien und Polen.

Eine besondere Herausforderung stellte die Umsetzung der gotischen Zierformen dar: Ließen sich Kapitelle, Maßwerk und Friese in Haustein noch relativ geschmeidig meißeln, so setzte die Bearbeitung des spröden Ziegels der Kunstfertigkeit deutliche Grenzen. Aus der Not erwuchs die Tugend: Die Fassaden der Backsteinkirchen zeichnen sich durch einen eigenen, betont konstruktiven Schmuckstil aus; häufig ist der Versatz von Glasursteinen, der der Wand einen lebhaften farbigen Akzent verleiht.

Oben: **Salem,** ehem. Zisterzienser-Klosterkirche, geweiht 1414. Selbst der dekorfeindliche Zisterzienserorden leistete sich im 15. Jh. elegante Maßwerkfenster.

Gegenüber: **Regensburg,** Dom, beg. nach 1273, Detail des Langhauses mit Strebepfeilern und Strebebögen.

Konstruktionprinzipien

Bauherren und Architekten des Mittelalters wollten die Gläubigen, die ihre Räume betraten, in überirdische Sphären entrücken. Sie taten dies mithilfe mathematischer Prinzipien und geometrischer Figuren, die ihnen als Ausdruck kosmischer Harmonie erschienen.

Die komplizierten Strebewerke gotischer Kathedralen, die auf Zirkelschlägen basierenden, immer komplexer werdenden Maßwerkfenster, letztlich die eindrucksvollen Risse der Entwurfsplanungen – sie alle sind ohne entsprechendes intellektuelles Fundament nicht denkbar. Eine hoch entwickelte Logistik sorgte für die Umsetzung dieser »Gedankengebäude«: Gotische Bauhütten verfügten über eine modern anmutende Organisation und Vernetzung, Voraussetzungen, die die technische Umsetzung erst ermöglichten.

Ulm, Münster

Ein grandioser, 161 m hoher Turm beherrscht das Ulmer Münster, die Pfarrkirche der Donaustadt. Seine kühne Konstruktion rivalisierte mit dem Erscheinungsbild zeitgenössischer Kathedralen. So ist es kein Zufall, dass man 1392 Ulrich von Ensingen berief, einen begnadeten Baumeister, der gleichzeitig die Bauhütten von Straßburg und Esslingen leitete.

Schwäbisch-Gmünd

Die Heiligkreuzkirche in Schwäbisch-Gmünd zählt zu den innovativen Baudenkmälern der Spätgotik in Deutschland. Werk der Baumeisterfamilie der Parler, ist sie eine der frühesten Hallenkirchen Schwabens. Neu ist auch die räumliche Verselbstständigung des Chorhaupts, dessen Entwurf Heinrich, dem Vater des berühmten Peter Parler, zugeschrieben wird.

Links und unten: **Ulm,** Münster, Außen- und Innenansicht, 1377–83 Errichtung des Chors, Langhaus bis 1405, Entwurf des Westturms 1392–99.

Gegenüber: **Schwäbisch-Gmünd,** Heiligkreuzkirche, Innenansicht; Langhaus 1310–15, Chor 1351–80, Weihe 1410, Wölbung 1491–1521.

Bayerische Hallenkirchen

Die Hallenkirche, bei der Mittel- und Seitenschiffe gleich hoch und unter einem gemeinsamen Dach vereint sind, erlangte in der Spätgotik besondere Bedeutung. Viele Stadtpfarrkirchen, vor allem in Bayern und Sachsen, folgten diesem Bautyp; dennoch ist es nicht mehr haltbar, von der Hallenkirche als bürgerlicher Raumform zu sprechen. Zwei der schönsten Beispiele dieser Gattung erheben sich in den Residenzen der Wittelsbacher, in Landshut und in München; Erstere diente als Fürsten- und Pfarrkirche zugleich.

St. Martin in Landshut ist das Hauptwerk des Hans von Burghausen, der als Begründer der bayerischen Bauschule des 15. Jahrhunderts gilt. Dem Betrachter eröffnet sich ein überwältigend weiter Raum. Schlanke Achtkantpfeiler tragen in 29 m Höhe ein dekoratives Netzgewölbe; mit 1 m Durchmesser wirken sie eher wie dünne Stäbe denn wie tragende Stützen. Durch hohe gotische Fenster strömt gleißendes Licht in den hell getünchten Backsteinbau. Dem begnadeten Baumeister wurde an der Außenwand der Kirche ein Denkmal gesetzt.

Mit der Münchner Frauenkirche, deren Grundstein 1468 gelegt wurde, schließt sich der Ring der großen gotischen Hallenkirchen. Ihre charakteristischen Zwiebeltürme (eigentlich welsche Hauben), prägen bis heute die Silhouette der Stadt. Obwohl typologisch mit Landshut verwandt, wirkt der Innenraum hier deutlich kühler, die Pfeiler sind wuchtiger und stehen enger gereiht.

Oben: **Landshut,** St. Martin, beg. um 1380 durch Hans von Burghausen, nach 1432 von Hans Stethaimer u.a. weitergeführt, Blick in den Innenraum.

Gegenüber und links: **München,** Frauenkirche, 1468–94, Turmhauben 1525, Außenansicht und Inneres. Architekt des von Herzog Sigismund begründeten Neubaus war Jörg von Halsbach; die vorwiegend barocke Ausstattung wurde im 19. Jh. durch eine neogotische ersetzt.

Wien, Stephansdom

Die Mauern des Stephansdoms, des Wahrzeichen Wiens, sind Zeugen einer turbulenten Geschichte: Ständige Um- und Neubauten, Interventionen der Bauherren und immer wieder Brände prägten das zwischen Romanik und Renaissance changierende Erscheinungsbild des Doms. Zu den ältesten Teilen gehört der im Kern romanische Westbau mit dem so genannten Riesenportal; 1263 erfolgte die Weihe des heutigen Doms, 1304 begannen die Arbeiten an dem dreischiffigen Hallenchor, der nach seinen Bauherren Albrecht I. und Albrecht II. »Albertinischer Chor« genannt wird. Daran anschließend ging man an die Neugestaltung der übrigen Kirchenpartien einschließlich der Türme. Bauornamentik und Skulptur, so die wundervolle Kanzel des Anton Pilgrim, markieren den Übergang von der Spätgotik zur Renaissance.

Wien, Stephansdom, 13.–15. Jh., Glasfenster mit Engel, der ein Weihrauchfass schwenkt, um 1340 (oben), Westfassade mit Riesentor, 1230/40–63 unter Wiederverwendung älterer Skulptur (rechts), Kanzel von Anton Pilgram, 1514/15 (gegenüber). Am Kanzelkorb erscheinen die Halbfiguren der Kirchenväter, am rechten unteren Bildrand erkennt man die Gestalt des sog. Fensterguckers.

Oben und rechts: **Basel,** Münster, Neubau um 1160–um 1500, Kanzel, Hans von Nußdorf, 1486, und Georgsturm, Ulrich von Ensingen, 1421–29.

Schweiz

Mit den Kathedralen von Lausanne und Genf besitzt die Schweiz zwei der frühesten gotischen Bischofskirchen außerhalb Frankreichs. Beide wurden nach Mitte des 12. Jahrhunderts begonnen und weisen mit dem Triforium, dem dreigeschossigen Aufriss und der plastischen Durchbildung der Stützen Merkmale der burgundischen Frühgotik auf. Doch nicht alle Sakralbauten orientierten sich an französischen Vorbildern: Das Basler Münster, das 1185–1229 nach einer verheerenden Feuersbrunst neu errichtet werden musste, ist mit Emporen ausgestattet, die denen der Kathedrale von Modena eng verwandt sind. Noch aus romanischer Zeit stammt das nördliche Portal, die so genannte Galluspforte, mit ihrem bedeutenden Skulpturenprogramm. Der Westfassade des Sandsteinbaus wurden im 15. Jahrhundert zwei Türme aufge-

Oben und rechts: **Bern,** Münster, beg. 1421, Vollendung mit dem Turm 1894, Blick von Süden und Ansicht des Dreikönigsfensters im Chor, um 1453.

setzt; der Georgsturm an der Nordseite folgte Plänen des Ulmer Meisters Ulrich von Ensingen und löste europaweit Bewunderung aus.

Wie in Basel haben sich in der Schweiz vielerorts herausragende Zeugnisse der Spätgotik erhalten. Sie belegen den Aufschwung der Kommunen im 14./15. Jahrhundert. So thront das Berner Münster St. Vincenz hoch über der Aarestadt, erster Werkmeister war hier ab 1421 Matthäus Ensinger, der Sohn Ulrichs. Es war ihm jedoch nicht vergönnt, ein ähnlich spektakuläres Werk wie sein Vater zu vollbringen: Der 100 m hohe Turm konnte erst im 19. Jahrhundert vollendet werden. Das berühmte Dreikönigsfenster im Chor stammt dagegen von Mitte des 15. Jahrhunderts. Von der Familie von Ringoltingen gestiftet, erzählt es in ungewöhnlicher Breite die Legende der Heiligen Drei Könige.

Prag, Veitsdom

1344 wurde Prag, eine der reichsten Städte des Deutschen Reiches, zum Erzbistum erhoben. Unmittelbar darauf begann auf der Prager Burg der Bau der Kathedrale St. Veit. Als Werkmeister wurde Matthias von Arras herangezogen. Bis zu seinem Tod im Jahre 1352 konnte dieser den Umgangschor und die Arkaden des Chorhaupts im Stil der südfranzösischen Gotik errichten und damit die Grundzüge des gewaltigen Werks festlegen. Sein Nachfolger wurde Peter Parler, der zuvor in Schwäbisch-Gmünd tätig gewesen war. Parler brachte entscheidende Neuerungen ein, die die Dynamik des Innenraums subtil steigerten: So verzichtete er im Langhaus auf die Zäsur der die Joche trennenden Gurtbögen und schuf so ein optisch von West nach Ost durchlaufendes, von Diagonalrippen dekorativ gegliedertes Gewölbe. Die zweite bahnbrechende Neuerung betraf das Triforium, dessen durchfensterte Rückwand nun zusammen mit den Scheiben des Obergadens eine einzige lichte Glasmembran bildet. Ein besonders effektvolles Motiv stellen die vor- und zurücktretenden Mauerflächen des Triforiums dar, die die Hochschiffswand wellenartig rhythmisieren.

Indem er sich von traditionellen Lösungen absetzte, verlieh Peter Parler der Sakralarchitektur spielerische Leichtigkeit und Ingeniosität. Dass er sich dessen wohl bewusst war, beweisen die berühmten Triforiumsbüsten des Prager Doms, die neben der Familie Kaiser Karls IV. und den Prager Erzbischöfen auch die beiden Dombaumeister porträtieren.

Im Prager Dom ist ein weiteres herausragendes Werk des Bildhauer-Architekten erhalten, das Grabmal von König Přemysl Ottokar I. von 1377. Es ist als einziges durch Schriftquellen gesichert und datiert.

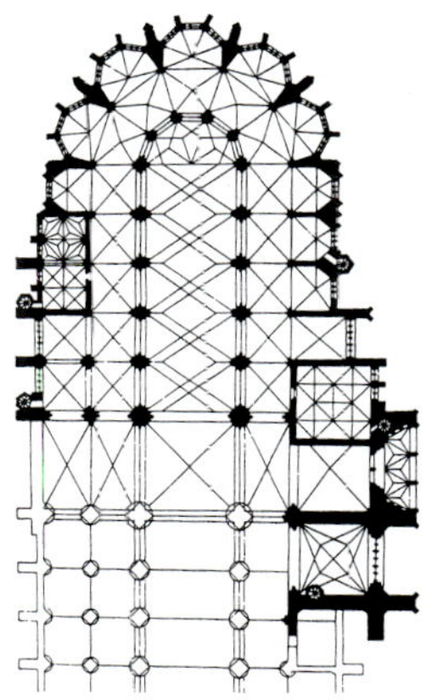

Prag, Veitsdom, beg. nach 1344 durch Matthias von Arras, nach 1352 Fortführung der Arbeiten durch Peter Parler und seine Söhne Wenzel und Johann; Einstellung der Bauarbeiten im 15. Jh.
Außenansicht des Chors (gegenüber), Blick in den Innenraum nach Osten (links), Detail des Wandaufrisses mit den Triforiumsbüsten (oben).

Spätgotik in den Niederlanden

Die historischen Niederlande – Teile des heutigen Nordfrankreich, Belgien und Holland – durchlebten im späten Mittelalter eine Zeit wirtschaftlicher und kultureller Blüte. In den florierenden Handelsstädten waltete das reiche Bürgertum und setzte sich mit Rathäusern, Hallen und Kirchen steinerne Denkmäler. Im Großen und Ganzen orientierte sich die Sakralbaukunst der Niederlande an den benachbarten Regionen Frankreichs; den geologischen Voraussetzungen entsprechend, verwandte man Hau- oder Backstein. Allen Bauten ist der Hang zur Monumentalität und zur Freude am üppigen spätgotischen Dekor eigen.

Um Mitte des 14. Jahrhunderts entstanden in Brabant zwei mächtige Bauten, die die so genannte Brabanter Gotik begründeten, die Stiftskirche (heute Kathedrale) von Mecheln und die Liebfrauenkirche von Antwerpen. In beiden wird die Struktur der hochgotischen Kathedrale Frankreichs aufgenommen, nun jedoch mit einem Netz von dekorativen Mustern überzogen. Maßwerk, Gitter, Lanzetten, Vierpässe sind den Wandflächen vorgeblendet und lassen die Mauer als filigranes Gespinst erscheinen. Die Herkunft dieses Dekorationsprinzips ist auf der anderen Seite des Ärmelkanals zu suchen: Bereits in den ersten Jahrzehnten des 13. Jahrhunderts schmückten sich englische Kathedralen mit ähnlichem Blendwerk.

Die Nieuwe Kerk in Delft, die 1384 begonnen wurde und ab 1453 ihren Chor erhielt, belegt, wie weit und wie nachhaltig sich der Brabanter Dekorationsstil durchsetzen konnte. Hier ist die Obergadenwand durch Nischen ausgehöhlt, die einst mit zierlichen Maßwerkgittern verkleidet waren. Der Raumeindruck in Delft ist jedoch ein vollkommen anderer: Der fünfschiffigen, wie eine Halle wirkenden Liebfrauenkirche tritt ein kompakter, durch eine Holzdecke geschlossener Raumkasten entgegen.

Oben und rechts: **Antwerpen,** Liebfrauenkirche, beg. 1352, Innen- und Außenansicht. Mit ihren fünf Schiffen, denen im 15. Jh. noch Kapellen angefügt wurden, ist sie der größte Sakralbau der damaligen Niederlande. Die (unvollendete) Turmfront wurde von Peter Appelman begonnen und von Herman de Waghemakere und seinem Sohn fortgeführt.

Gegenüber links: **Utrecht,** Dom St. Martin, 1254–1517. Meister Jan aus dem Hennegau schuf den 112 m hohen Turm, der dem Langhaus zwischen 1321 und 1383 vorangestellt wurde.

Gegenüber rechts: **Delft,** Nieuwe Kerk, beg. 1384, Chor ab 1453, Innenansicht. Die Delfter Neukirche nimmt mit ihren kräftigen Rundpfeilern das Vorbild der Stiftskirche von Mecheln auf.

Kirchentürme hatten in den Niederlanden eine doppelte Funktion: Neben ihrer sakralen Bestimmung übernahmen sie kommunale Aufgaben und dienten als weithin sichtbares Zeichen bürgerlicher Macht. In den niederländischen Städten wurde der Turmbau zur Prestigefrage; es galt, immer höhere, immer aufwändigere Monumente zu errichten. Der Turm der Utrechter Martinskirche, ein Werk des Meister Jan aus dem Hennegau, wurde mit seiner kunstvoll durchbrochenen achteckigen Bekrönung zum Vorbild vieler weiterer Exemplare.

Gotik in Skandinavien

In der gotischen Sakralbaukunst Skandinaviens laufen verschiedene Entwicklungsstränge zusammen: Wie überall in Europa dominieren französische Vorbilder die Struktur des Kirchenraums. Daneben werden jedoch englische Dekorationsprinzipien und, vor allem im Backsteinbau, Lübecker Einflüsse spürbar.

Der Knudsdom im dänischen Odense wurde nach mehreren Bränden gegen Ende des 14. Jahrhunderts erneuert, seinen Innenraum prägen die eleganten, reich profilierten Arkaden. Im schwedischen Uppsala musste sich die gotische Bischofskirche im 19. Jahrhundert eine Neogotisierung, in den 1970er Jahren dann eine radikale Rückrestaurierung gefallen lassen. Die Kirche des Klosters Løgum (Locus Dei / Ort Gottes) ist ein Musterbeispiel zisterziensischer Baukunst. Nach Entfernung weißer Kalkschichten ist der reizvolle Farbkontrast der glasierten Ziegel heute wieder deutlich sichtbar. Charakteristisch für die dänische Sakralgotik ist der durch Blendnischen gegliederte Treppengiebel – ein Motiv, das dem Profanbau entlehnt wurde.

Links: **Odense,** Knudsdom, beg. 11. Jh., gotischer Bau Ende 14. Jh., Blick in das Langhaus.

Gegenüber oben: **Uppsala,** Dom, Innen- und Außenansicht, 1287–1485, Neogotisierung durch Helgo Zettervall 1885–93, Rückrestaurierung nach 1970.

Gegenüber unten: **Løgumkloster,** gegr. 1173, Kirche und Kloster 1225–1325, Ansicht von Nordost.

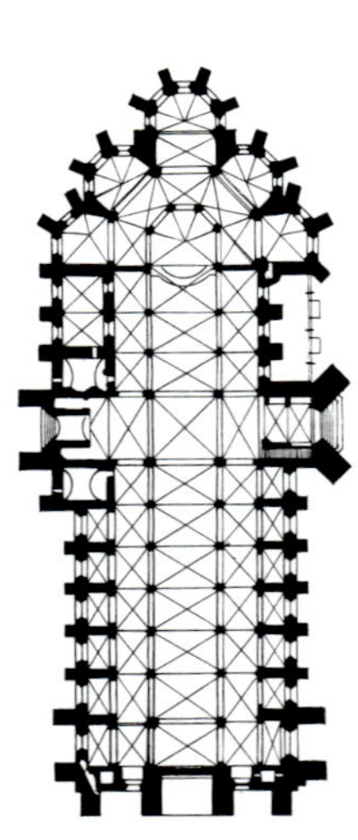

Uppsala, Dom

Danzig, Marienkirche

Die Marienkirche in Danzig ist eine der größten Kirchen des Mittelalters und einer der imposantesten Backsteinbauten aller Zeiten. Die dreischiffige Hallenkirche mit Kapellen, tiefem Querhaus und geradem Chorabschluss wurde im Laufe von etwa 150 Jahren, zwischen 1343 und 1502, erbaut. 25 000 Gläubige finden in dem 105 m langen und bis zu 66 m breiten Innenraum Platz, ihr wuchtiger, 78 m hoher Turm dominiert die Silhouette der alten Hansestadt. Eine konstruktive wie ästhetische Meisterleistung sind die spätgotischen Zellengewölbe, die in ähnlicher Perfektion nur in der Albrechtsburg in Meißen zu bestaunen sind. Sie wurden zwischen 1498 und 1502 eingezogen und sind Werk des Stadtbaumeisters Heinrich Hetzel. Als die Marienkirche 1945 durch Feuer schwer beschädigt wurde, stürzten 40 Prozent der Gewölbe ein. Ihre Rekonstruktion ist gleichfalls eine Meisterleistung der Technik.

Rechts: **Danzig,** Marienkirche, 1343–1502, Inneres mit Gewölben von Heinrich Hetzel, 1498–1502.

Stargard, Marienkirche

Die monumentale Backsteinkirche von Stargard (Stargard Szczeciński) zählt zu den bedeutendsten gotischen Sakralbauten Polens. Sie erhebt sich im Zentrum der einstigen Stadtbefestigung. Der Bau war der Jungfrau Maria geweiht, wurde 1292 als Halle begonnen und erst im 15. Jahrhundert zur Basilika mit Kapellen und Emporen umgebaut. Den beeindruckenden Umgangschor schuf um 1400 Hinrich Brunsberg, einer der größten Baumeister des Ostseeraums. Ungewöhnlich ist, dass ein Triforium zwischen Arkadenzone und Obergaden eingeschoben wurde, ein Motiv, auf das man im Backsteinbau üblicherweise verzichtete. Das Langhaus der Marienkirche wurde um 1500 erneut modifiziert; aus dieser Zeit stammt die Anlage der Sterngewölbe, die allerdings nach einem Brand 1635 wiederhergestellt werden mussten.

Gegenüber und links: **Stargard,** Marienkirche, Grundsteinlegung 1292, Umbauten im 14.–16. Jh., Umgangschor von Hinrich Brunsberg, um 1400 (gegenüber), Blick in das Langhaus (links).

»Early English« und die Kathedralen von Canterbury, Lincoln und Wells

Early English heißt die erste der drei Phasen, in die man die englische Architektur der Gotik einzuteilen pflegt. Sie umfasst die Zeit von etwa 1170 bis 1240 und ist – mit Einschränkungen – der französischen Frühgotik gleichzusetzen, deren Anregungen sie verarbeitete. Als Vermittler fungierten, wie überall in Europa, die Zisterzienser, deren strikte Ordensregeln in Frankreich geprägte Bautypen und Stilformen tradierten. Weiterer Einfluss ist auf persönliche Kontakte unter Klerikern und Baumeistern zurückzuführen. Dies ist der Fall in der Kathedrale von Canterbury, die das Grab des in ihr ermordeten hl. Thomas Becket birgt. Als sie 1174 ausbrannte, veranstalteten die Mönche des Domklosters einen Architekturwettbewerb, den der Franzose Wilhelm aus Sens gewann. Obgleich dieser gezwungen wurde, die neue Kirche in den vom Feuer verschonten Mauern des Vorgängerbaus aufzuführen, gelang ihm ein wegweisendes, französisch anmutendes Werk: Der Mönchschor erhielt einen dreizonigen Wandaufriss in eleganten Proportionen; zierliche Dienste aus schwarzem Purbeck-Marmor betonen die Vertikale, sechsteilige Rippengewölbe schließen den Raum.

Zum Charakteristikum der englischen Sakralarchitektur wurde das doppelte Querhaus, das hier

Oben: **Lincoln,** Kathedrale, ca. 1220–40, Innenansicht nach Osten.

Rechts: **Canterbury,** Kathedrale, 1175–84, Außenansicht von Südost.

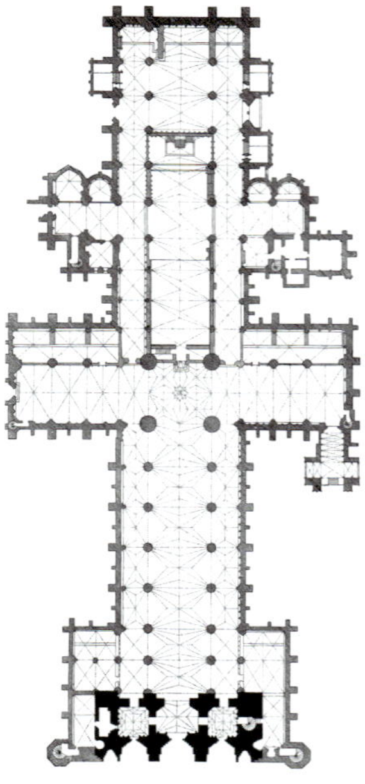

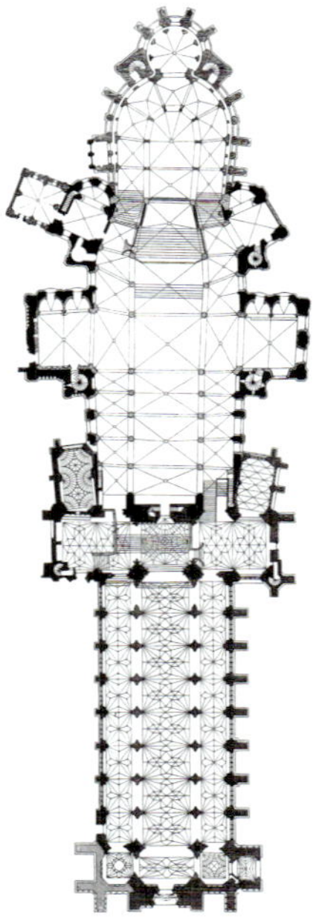

in die Bautypologie eingeführt wurde. Nach Wilhelms Sturz vom Gerüst im Jahr 1178 führte sein Nachfolger, Wilhelm der Engländer, die Arbeiten fort und errichtete die gotische Dreifaltigkeitskapelle.

Das Vorbild von Canterbury wurde in der Kathedrale von Lincoln in puncto Phantasie noch übertroffen: Die Chorgewölbe des Gottfried von Noiers wurden als »crazy vaults« berühmt. Andere Wege in der Umsetzung französischer Formen ging man in der westenglischen Kathedrale von Wells: Arkaden und Triforien sind überaus fein, fast grafisch abgestuft. Als 1338 der Vierungsturm einzustürzen drohte, ersann Meister William Joy die kühne und wirkungsvolle Konstruktion der sich kreuzenden Spitzbögen.

Wells, Kathedrale, 1180–1240, Ansicht des Langhauses mit den nach 1338 errichteten »scissor arches«, den Scherenbögen des Baumeisters William Joy.

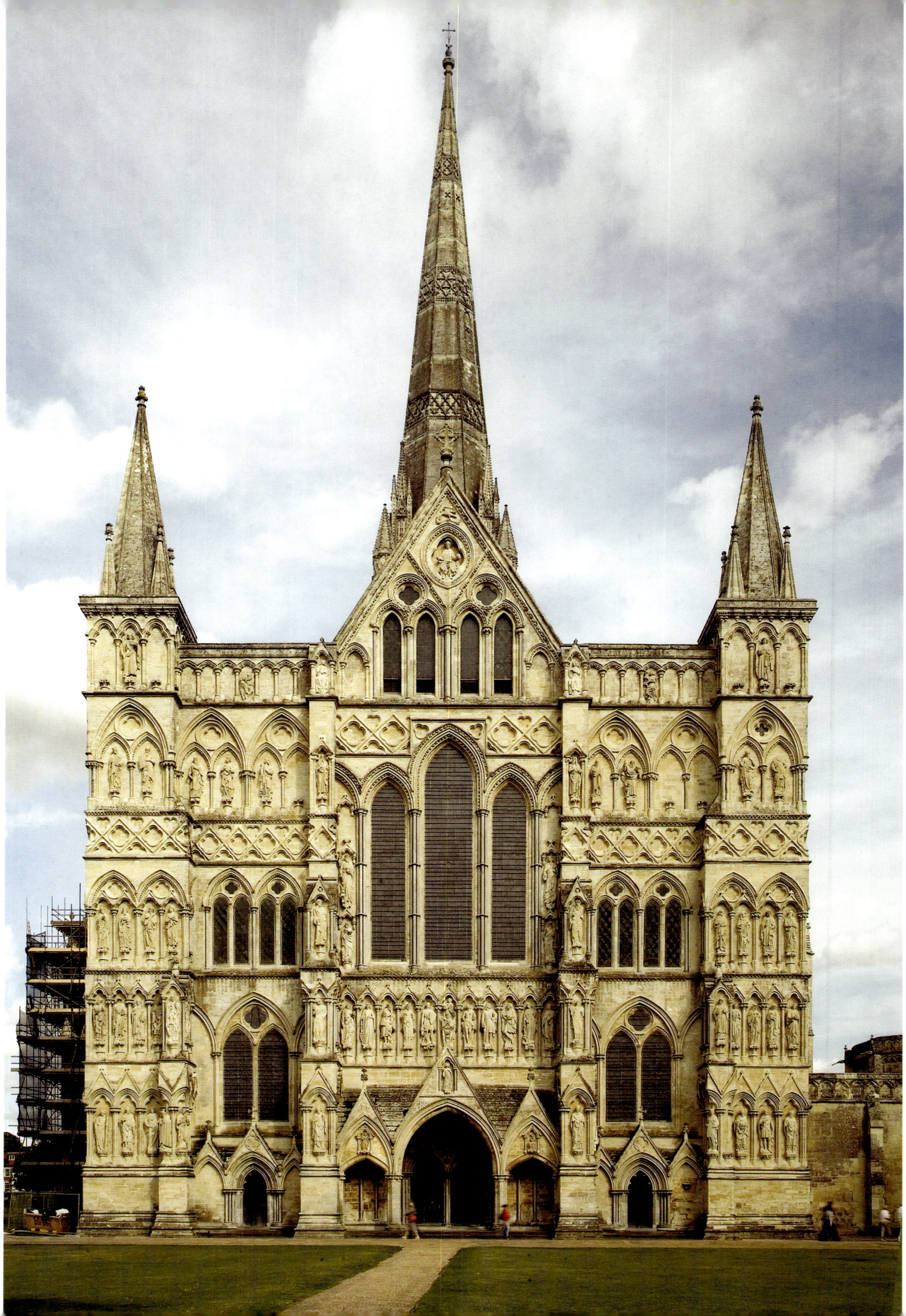

Englische Schirmfassaden

Englische Kathedralen bieten dem kontinentalen Betrachter ein zunächst ungewohntes Bild: Während französische Bischofskirchen aus dem Gewirr enger mittelalterlicher Gassen aufragen, erheben sich ihre englischen Pendants am Rande der Altstadt, frei, in dem mit Rasen begrünten Dombezirk, dem *close* oder *precinct*. Die idyllische Lage trägt nicht unerheblich zu der romantischen Aura englischer Kirchen bei.

Dies ist jedoch nicht die einzige Eigenart, die englische Kathedralen auszeichnet: So wird man hier auch vergeblich die aus Frankreich oder Deutschland vertraute Doppelturmfassade suchen; stattdessen dominiert die breit gelagerte Schirmfassade, eine malerische Schaufront, die ohne strukturelle Logik dem Langhaus vorgeblendet wird. Dem Westportal ist dagegen wenig Bedeutung beigemessen, es erhielt, im Gegensatz zu französischen Kirchen, so gut wie keinen skulpturalen Schmuck. Die Hauptzugänge englischer Kathedralen befanden sich stattdessen an den Nordostseiten und erhielten dort prachtvoll ausgestattete Vorhallen. Nirgendwo tritt diese Eigentümlichkeit deutlicher hervor als bei der Kathedrale von Salisbury, deren Westportale im Verhältnis zur gesamten Front vollkommen unterdimensioniert sind.

Als schönste Schirmfassade gilt die Fassade von Wells, die zwischen 1230 und 1240 aufgeführt wurde. Sie ist mit einem feinmaschigen Netz von Blendarkaturen überzogen, in deren Nischen die gesamte Heilsgeschichte in Skulptur und Relief vorgeführt wird. Auch die Fassade von Peterborough präsentiert sich als heilsgeschichtliche Bilderwand; in ihren monumentalen Trichterportalen sind offensichtlich romanische Bautypen aufgegriffen.

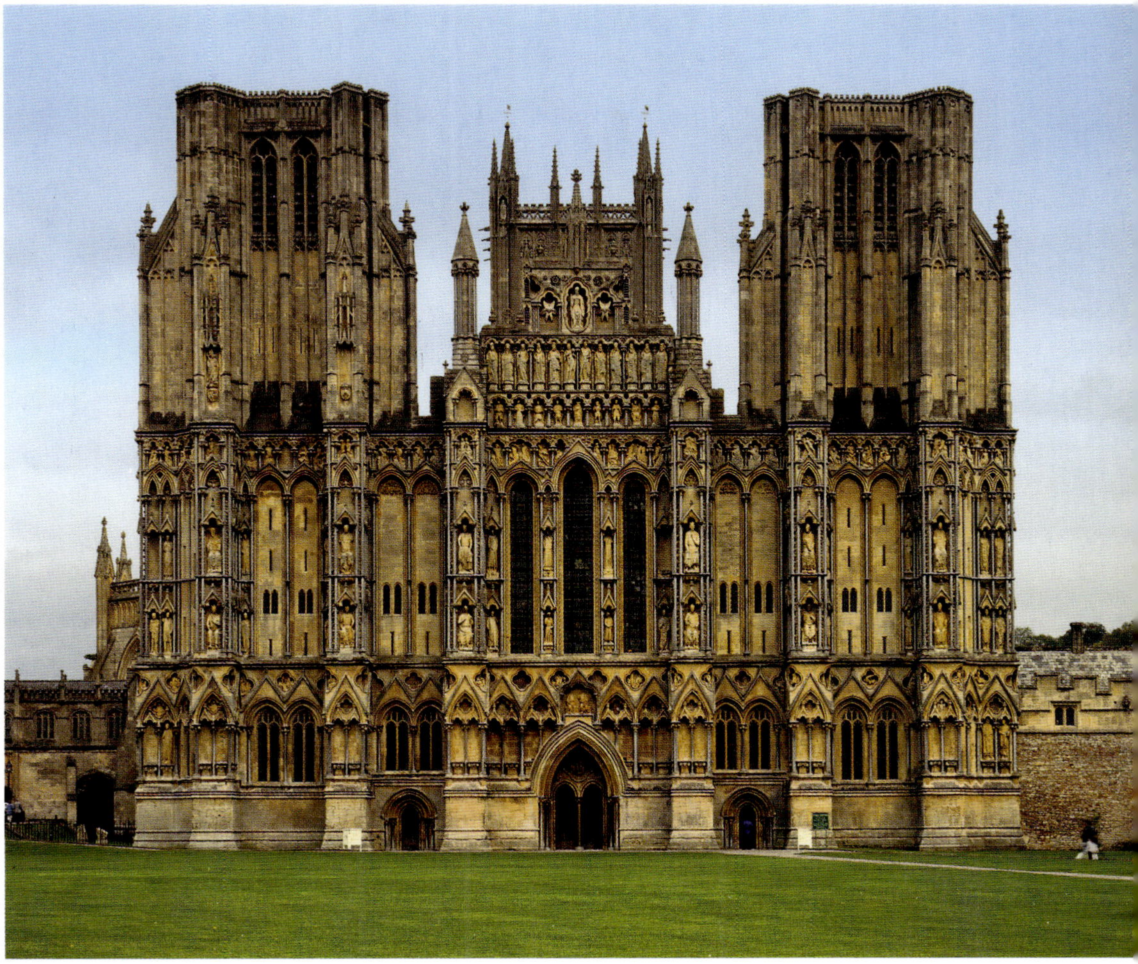

Oben: **Peterborough,** Kathedrale, 1180–1238, Westfassade.

Rechts: **Wells,** Kathedrale, 1230–40, Westfassade.

Gegenüber: **Salisbury,** Kathedrale, beg. 1220, Westfassade.

Westminster Abbey und der Decorated Style

Mit Westminster Abbey beginnt die zweite Phase der englischen Gotik, der so genannte Decorated Style. Er trägt seinen Namen zu Recht, denn die insulare Baukunst zwischen 1240 und 1330 widmete sich vorrangig dekorativen Experimenten. Sie gab der Ornamentierung von Wänden, Fenstern und Gewölben Vorrang vor strukturellen Neuerungen. Architektur und Skulptur verschmolzen dabei zu einem hochgotischen Gesamtkunstwerk. Die Kirche der Londoner Abtei ist Wegbereiter und Vorbild des Decorated Style. Ihr Neubau wurde von König Heinrich III. auch aus machtpolitischen Gründen finanziert – er sollte mit französischen Kathedralen wetteifern. So ist es nicht verwunderlich, dass Westminster Abbey zum »französischsten« Bau der englischen Gotik wurde. Zum Architekten berief man Heinrich von Reyns, dessen Name sich wohl auf das französische Reims zurückführen lässt. Tatsächlich weist der von ihm konzipierte Bau engste Beziehungen zu der dortigen Kathedrale auf: Die vollkommen französische Choranlage mit Umgang und Kapellenkranz, der Aufriss des Langhauses, schließlich die für England ganz ungewöhnliche Höhe von 32 m sind ohne das Vorbild der Reimser Krönungskirche kaum denkbar.

Eine Weiterentwicklung der in Westminster erprobten Motive stellt der Angel Choir in Lincoln dar: Hier ist die traditionell gerade geschlossene Ostwand mit Maßwerkfenstern versehen.

Oben und rechts: **Westminster Abbey,** Abteikirche, 1258–1375, Blick in das Langhaus nach Westen, Ansicht der Fassade.

Westminster Abbey

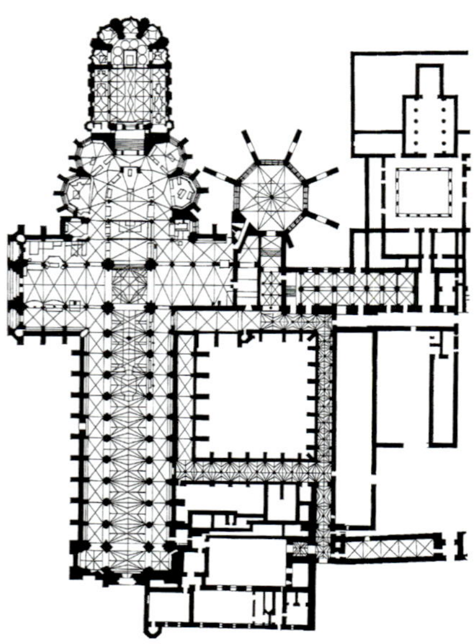

Gegenüber: **Lincoln,** Kathedrale, Blick in den zwischen 1256 und 1280 errichteten Chor mit dem für englische Sakralbauten typischen geraden Ostabschluss.

Gloucester, Kathedrale, und der Perpendicular Style

Die Wanddekoration der Kathedrale von Gloucester eröffnete die dritte Stilphase der englischen Gotik, das Perpendicular, das ab 1330 seinen Siegeszug antrat. Nicht minder kunstvoll als der Decorated Style, sind die neuen Formen dennoch als Reaktion auf dessen überbordende Vielfalt zu verstehen: Die neuen Strukturen setzen sich im Wesentlichen aus senkrechten und waagrechten Linien zusammen, schmale Paneele bilden ein Gitterwerk, das die Flächen überzieht und vereinheitlicht. Wie am Ostfenster des Chors von Gloucester unschwer zu erkennen ist, erleichterte das neue Dekorationssystem die großflächige Verglasung der Außenwände.

Gloucester, Kathedrale, Chor, um 1337–60 (oben), Grabmal König Eduards II., 1330–35 (gegenüber). Das Grabmal des 1327 Ermordeten ist in hellem Alabaster und dunklem Purbeck-Marmor ausgeführt; das edle Antlitz des Verstorbenen verrät nichts über sein ruhmloses Ende.

Die Kathedrale von Winchester und King's College in Cambridge

Der »lotrechte« (= perpendicular) Stil fand schnelle Verbreitung, nicht zuletzt wegen seiner seriellen Grundformen, die sich flexibel gestalten und vergleichsweise billig produzieren ließen. So erhielten auch die Kathedralen von Canterbury und Winchester in der zweiten Hälfte des 14. Jahrhunderts neue Langhäuser im Perpendicular Style. Winchester ist jedoch ein Sonderfall: Hier begannen 1360 die Arbeiten an der Fassade, die – für England eher ungewöhnlich – den basilikalen Aufriss des Inneren nachzeichnet. Sechs Jahre später geriet der Neubau ins Stocken und wurde erst 1394 unter Bischof Wilhelm Wykeham fortgeführt. Dessen wagemutiger Baumeister Wilhelm Wynford bewahrte, vermutlich aus Kostengründen, das alte Langhaus und »meißelte« die modernen Profile und Dienste quasi aus den dicken romanischen Mauern heraus. Bei aller Feingliedrigkeit ist die Masse des Vorgängerbaus noch zu erahnen.

Hatten im 13. und 14. Jahrhundert die Kathedralen die stilistische Entwicklung dominiert, so übernahmen im 15. Jahrhundert die Colleges diese Rolle. Die meist vom Herrscherhaus gestifteten Hochschulen wurden überaus prachtvoll ausgestaltet, ihre Kapellen dienten als königliche Grablegen. King's College Chapel in Cambridge dürfte mit seinem hauchzarten Maßwerk, den filigranen Stäben und den atemberaubenden Fächergewölben zu den schönsten Sakralräumen aller Zeiten gehören. Die Kapelle wurde 1446 durch Heinrich VI. gegründet; Meister Reginald Ely lieferte die Pläne und konnte den Bau bis zum Ansatz der Gewölbe aufführen; zu Beginn des 16. Jahrhunderts war es schließlich John Wastell vergönnt, das Werk mit den einzigartigen Gewölben zu krönen.

Oben und rechts: **Winchester,** Kathedrale, Langhaus, 1360–1404, und Westfassade, 1360–66. Das romanische Langhaus wurde durch Meister Wilhelm Wynford im Perpendicular Style überarbeitet.

Gegenüber: **Cambridge,** King's College Chapel, 1416–1515. King's College Chapel ist Höhe- und zugleich Endpunkt der englischen Gotik.

Assisi, S. Francesco, Innenansicht der Oberkirche, 1228–53. An den Wänden befindet sich der Zyklus der Franziskuslegende von Giotto und seinen Mitarbeitern, Fresken um 1295.

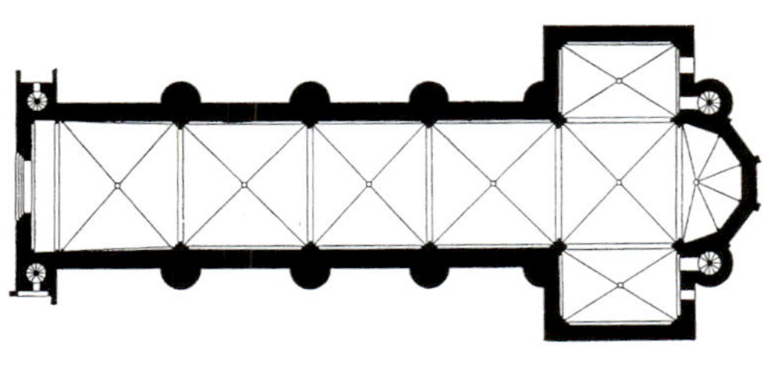

Oben links: **Bologna,** S. Francesco, 1236–56, Blick in das Mittelschiff, im Hintergrund der Chor mit Umgang.

Oben: **Todi,** S. Fortunato, 1292–1328, Innenraum. Schlanke Säulchen flankieren den Kern der Stützpfeiler.

Italienische Bettelordenskirchen

Mit der Baukunst der Franziskaner und Dominikaner hielt die Gotik Einzug in Italien. Die Doppelkirche über dem Grab des hl. Franziskus in Assisi wurde 1228 gegründet, ihre Weihe erfolgte 1253. Der lapidare Bau verkörperte das neue Frömmigkeitsideal des Franz von Assisi: ein arbeitsreiches Leben in vollkommener Demut, Verzicht auf weltliche Macht und ihre Insignien. Die Oberkirche von S. Francesco wurde vorbildlich für den gesamten Sakralbau Italiens: Der weite zweigeschossige Saal ist klar strukturiert und trotz solider Wände von Licht durchflutet; schlanke Dienstbündel tragen die Rippen der quadratischen Joche. Obwohl französischen Vorbildern folgend, ist der Raumeindruck grundsätzlich anders als in Frankreich.

Hinter der ausladenden Schirmfassade der Franziskanerkirche in Bologna verbirgt sich ein dreischiffiger Bau mit Umgangschor zisterziensischer Provenienz. S. Fortunato in Todi präsentiert sich als vom Licht durchfluteter, fast richtungsloser Raum, der von weiten Rippengewölben überspannt wird. Offenbar war die statische Konstruktion der Halle zu kühn, denn man musste noch während des Bauverlaufs Transversalbögen in die Seitenschiffe einziehen.

Gegenüber und oben: **Florenz,** S. Croce, 1294/95, Innenansicht und Blick in die Hauptchorkapelle mit Fresken von Agnolo Gaddi (nach 1374).

Oben: **Florenz,** S. Maria Novella, beg. 1246, Innenansicht.

Bettelordenskirchen in Florenz

Die Orden den Franziskaner und Dominikaner verliehen der gotischen Architektur Italiens ein eigenes Gesicht. Im Gegensatz zu den Zisterziensern, die sich zur Gründung ihrer Klöster in abgeschiedene Täler zurückzogen, suchten die Bettelorden den Kontakt zum Volk. Am Rand des Stadtkerns gelegen, boten ihre weiträumigen Kirchen großen Menschenmengen Platz. Grund- und Aufriss der Gotteshäuser sind klar und einfach strukturiert, die Bauplastik auf das Notwendigste reduziert. Auf den ausgedehnten Wandflächen breiten sich romanhaft Freskenzyklen aus: Neben der Predigt der Mönche dienten sie zur bildlichen Instruktion der Laien.

In Florenz setzte die Dominikanerkirche S. Maria Novella (Gründung 1246) neue Maßstäbe: Sie folgt im Prinzip einem zisterziensischen Schema, dem dreischiffigen Langhaus mit Transept, an das sich quadratische Kapellen und das Chorhaupt mit geradem Abschluss anfügen. Doch offenbart sich in der Artikulierung des Raumes das eigentlich Neue: Die Schiffe der fast 100 m langen Kirche sind durch schlanke Pfeiler mit Halbsäulenvorlagen und hohe Arkaden mehr rhythmisiert als getrennt. Eine Besonderheit sind die in hellem und grau-grünem Sandstein »zebraartig« profilierten Bogenstellungen, die dem Inneren eine eigene Dynamik verleihen.

Auch die Franziskaner begannen 1294 einen spektakulären Neubau: S. Croce sollte die Dominikanerkirche in der Länge von 115 und der Querhausbreite von 73,74 m um ein Sechstel und in der Höhe von 38,23 m um fast ein Viertel übertreffen. Der Bettelordensbau stellte damit französische Kathedralen in den Schatten. Die gesteigerten Dimensionen waren jedoch nicht nur auf die Selbstdarstellung des Ordens zurückzuführen: Gerade Franziskanerkirchen wurden zu beliebten Grablegen des Bürgertums, das zumindest im Tod franziskanischer Demut huldigen wollte. In S. Croce stifteten vor allem die Bankiersfamilien Bardi, Peruzzi und Alberti Kapellen und ließen sich mit den Bildzyklen Giottos, der Gaddis und anderer Künstler ihr Denkmal setzen.

Ganz oben und oben: **Florenz,** Dom, beg. 1294/96, Fertigstellung mit der Westfassade 1875–87. Blick auf Baptisterium, Kirche und Campanile sowie Innenraum.

Rechts: **Florenz,** Campanile, beg. 1334 durch Giotto di Bondone. Nach dessen Tod übernahmen Andrea Pisano und Francesco Talenti die Vollendung des Turms.

Florenz, Dom

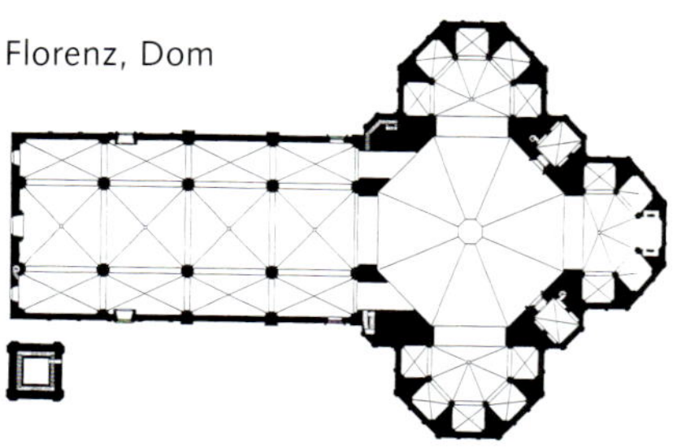

Die Dome von Florenz und Siena

Die oberitalienischen Städte lieferten sich einen erbitterten Prestigekampf, der auch vor dem Kirchenbau nicht Halt machte. So ist der Dom von Siena Exempel für übersteigerte Ansprüche und deren Scheitern: Im Zuge der Umbauten des romanischen Doms plante man die Errichtung einer weiträumigen Vierung, die einer gigantischen Kuppel als Widerlager dienen sollte. Das Vorhaben wurde jedoch zugunsten einer noch kühneren Idee aufgegeben: Man beschloss, einen neuen Dom rechtwinklig zu der bisherigen Anlage zu errichten und den älteren Bau als Querschiff darin zu integrieren. Gravierende Fehler in der statischen Berechnung führten jedoch 1355 zum Abbruch des Unternehmens. Dennoch

überrascht die erstaunliche Homogenität der romanischen und der gotischen Partien; sie ist auf die Marmorverkleidung zurückzuführen, die Inneres wie Äußeres mit schwarz-weißen Bändern überzieht.

Der Neubau des Florentiner Doms S. Maria del Fiore verlief erfolgreicher: 1296 erfolgte die Grundsteinlegung des von der Stadt und den reichen Zünften finanzierten »opus plurimum sumptuosum«. Die ersten Pläne lieferte der Bildhauer und Architekt Arnolfo di Cambio. Nach seinem Tod stagnierte das Werk, bis Giotto 1234 zum Dombaumeister ernannt wurde. Er widmete sich jedoch ganz der Errichtung des Campanile. Erst 1357 wurden die Arbeiten am Dom wieder aufgenommen, nach einem Modell des Francesco Talenti, das ein rippengewölbtes Langhaus von gewaltigen Ausmaßen und eine noch gigantischere Vierungskuppel vorsah. 1378 war das Langhaus mit seinen vier 40 m hohen Jochen vollendet, 1398 die Vierungspfeiler. 1420 wurde Filippo Brunelleschi mit dem heiklen Bau der Kuppel betraut. Er schuf die geniale Zweischalenkonstruktion, eine der großen Leistungen der beginnenden Renaissance.

Siena, Dom, beg. Mitte 12. Jh., Umbauten im 13. und 14. Jh. Die Fassade wurde 1284–96 unter der Leitung von Giovanni Pisano begonnen und nach 1357 vollendet.

Unten und gegenüber oben: **Orvieto,** Dom, beg. 1290, Innenansicht und Fassade, die um 1300 von dem Sieneser Baumeister Lorenzo Maitani begonnen wurde. Andrea Pisano und Andrea Orcagna leiteten die Arbeiten um Mitte des 14. Jhs.

Orvieto, Dom

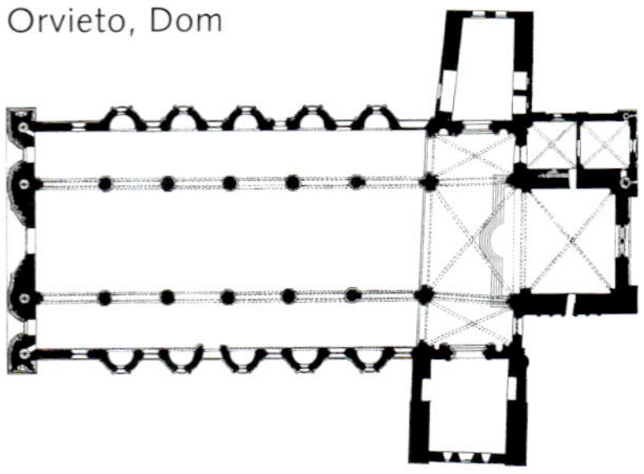

Orvieto, Dom S. Maria

Wie der Dom von Siena wurde auch der Dom von Orvieto in romanischen Formen begonnen und in gotischen vollendet. Seine Bedeutung verdankt er dem *Sacro Corporale,* dem Kelchtuch, auf das das Blut Christi aus einer Hostie getropft sein soll. Die Reliquie wird in einem kostbaren spätgotischen Schrein aufbewahrt.

Einem Schrein gleicht auch die Fassade des Doms, die mit ihren üppig profilierten Portalen, den Giebeln, Türmen und Fialen auf das nur wenig ältere Pendant in Siena zurückgreift. In beiden Fällen wird die Wand zur Schaufront, auf der sich ein reiches skulpturales Bildprogramm entfaltet. Beiden Fassaden haftet etwas seltsam Pretiöses an, das im deutlichen Gegensatz zu der großzügigen Disposition der Innenräume steht.

Architekt der Orvietaner Fassade ist Lorenzo Maitani; sein Entwurf wurde einem anderen, eingiebligen Riss vorgezogen; beide Pläne lassen sich in der Domopera von Orvieto studieren.

Pisa, S. Maria della Spina

Wüsste man nicht um die Maßstäbe, so könnte man die Kirche S. Maria della Spina in Pisa für ein Reliquiar halten: Tatsächlich birgt das Oratorium einen Splitter der Dornenkrone Christi, den die Stadt im Jahr 1333 erworben hatte. Er gab den Anreiz zum Ausbau einer bestehenden Kapelle.

Deutlich ist mit der Architektur auf die Pariser Ste-Chapelle Bezug genommen, in der die gesamte Krone verehrt wird. So spiegeln vor allem die Seitenfronten mit ihrem Geflecht von Giebeln, Fialen und Wimpergen französische Vorbilder wider; wie dort ist der Dekor integraler Bestandteil des Baus. Auch die Fassade mit ihren Vor- und Rücksprüngen ist durchaus plastisch begriffen. Doch sind es vor allem die auf Zierlichkeit angelegten Proportionen, die den Reiz der Pisaner Kirche ausmachen.

Rechts: **Pisa,** S. Maria della Spina, 1323–33, Außenansicht. Der Marmorbau wurde im 19. Jh. aus Angst vor Überschwemmungen versetzt.

Mailand, Dom

Mit seinen fünf Schiffen, dem ausladenden dreischiffigen Querhaus und dem geräumigen Umgangschor ist der Mailänder Dom eine der gewaltigsten Kirchen der Christenheit. An seiner Planung waren die bedeutendsten Meister ihrer Zeit beteiligt, u. a. die Parler und Ulrich von Ensingen. Dennoch wusste sich der italienische Architekt und Mathematiker Gabriele Stornaloco mit seinem Entwurf durchzusetzen. Das Äußere des Doms konnte erst im 19. Jahrhundert vollendet werden.

Gegenüber und oben:
Mailand, Dom, beg. 1387, Ausgestaltung des Äußeren bis ins 19. Jh., Blick auf Querhaus und Chor. Die spätgotische Ostpartie mit ihren hohen Maßwerkfenstern konnte zu Beginn des 15. Jhs. vollendet werden.

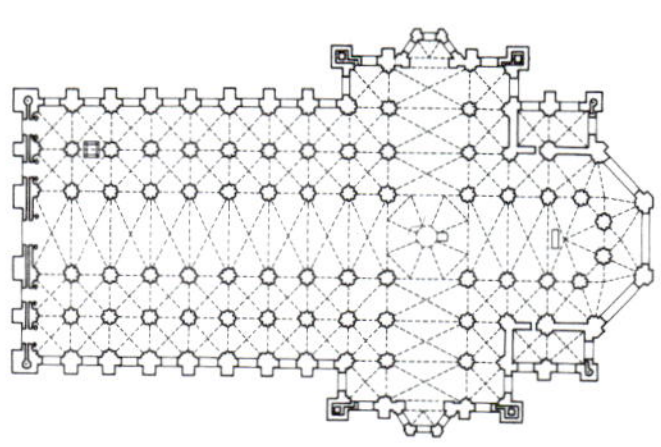

Mailand, Dom

Bologna, S. Petronio

Kaum vier Jahre nach Planungsbeginn des Mailänder Doms stellte die Bürgerschaft Bolognas ein Holzmodell vor, das alles Bisherige in Schatten stellte: Demnach sollte die Pfarrkirche S. Petronio als dreischiffige Basilika von 182,4 m Länge und im Querschiff 136,8 m Breite errichtet werden; eine gigantische Kuppel hätte, wie in Florenz, die Vierung überragt. Der gewaltige, im Gegensatz zu Mailand konsequent schlichte Innenraum wurde 1390 begonnen. 1400, beim Tode seines Architekten Antonio di

Rechts: **Bologna,** S. Petronio, beg. um 1390–Mitte 16. Jh., Blick in das Innere.

Vicenzo, standen jedoch lediglich die ersten beiden Joche des Langhauses; ihre Gewölbe überspannen ein Quadrat von 20 m Seitenlänge. 1525 wurden die übrigen Joche fertig gestellt und mit provisorischer Südapsis und Nordfassade versehen. Querhaus und Chor wurden nie begonnen.

Obgleich Fragment geblieben, kann S. Petronio als Höhepunkt toskanischer und lombardischer Kirchenbaukunst gelten: Seine räumliche Weite, seine elegante Klarheit und die Ästhetik des Materials belegen noch einmal die schöpferische Kraft gotischer Baukunst in Italien.

Burgos, Kathedrale

Die Rezeption der französischen Kathedralgotik setzte in Spanien in den 30er Jahren des 13. Jahrhunderts ein. Eine Schlüsselrolle dabei spielte Bischof Mauricio von Burgos, der während seines Studienaufenthalts in Paris die aktuellen Tendenzen der Architektur schätzen gelernt hatte. 1221 legte er den Grundstein für den Neubau der Kathedrale seiner Heimatstadt. Nach nur neun Jahren konnte der Chor bezogen werden, dessen Umgang eng dem Vorbild der Kathedrale von Bourges folgt. Auch Details des Aufrisses gehen auf den französischen Bau zurück.

Darüber hinaus kann die Kathedrale von Burgos mit kühnen spätgotischen Konstruktionen aufwarten: Zwischen 1442 und 1458 wurden die Fassadentürme errichtet, deren durchbrochene Helme an Ulm oder Esslingen denken lassen – tatsächlich war ein deutscher Architekt, Hans von Köln, für ihre Errichtung verantwortlich. Sein Sohn Simon (Simón de Colonia) schuf gegen Ende des Jahrhunderts die Capilla del Condestable, die neue Scheitelkapelle des Chorumgangs. Sie ist ein Meisterwerk dekorativer Architektur. Der filigrane Vierungsturm, den Juan de Vallejo 1567 vollendete, verknüpft flamboyante Strukturen mit islamischen Schmuckmotiven. Sein Gewölbe zeugt von äußerster Kunstfertigkeit und technischer Perfektion.

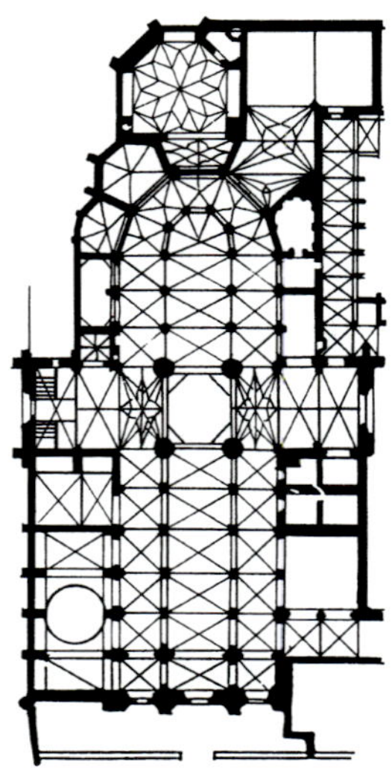

Burgos, Kathedrale, beg. 1221, Gesamtansicht von Nordwesten (gegenüber). Die Fassade wurde im 18. und 19. Jh. umgestaltet. Zu den spätgotischen Partien gehören die Türme des Hans von Köln (1442–58) und der *Cimborrio*, der Vierungsturm des Juan de Vallejo (1567).

Oben: Blick in das Innere des *Cimborrio* mit seinem kunstvollen Sterngewölbe.

Toledo

Mit ihren fünf Schiffen, dem doppelten Chorumgang und einem Kranz von ehemals 15 Kapellen ist die Kathedrale von Toledo der größte spanische Bau des 13. Jahrhunderts. Als Sitz des Erzbischofs und Primas von Spanien beansprucht sie den höchsten Rang unter den Kathedralen der Iberischen Halbinsel. Der um 1222/23 begonnene Bau des Meisters Martín orientiert sich eng am Modell der Kathedrale von Bourges, ja, er versucht sogar, diese zu übertreffen, indem er islamische Elemente in die französische Struktur integriert: So besitzt das Triforium arabisierende Bogenöffnungen.

León

Auch die Kathedrale von León scheint als Synthese französischer Rayonnant-Architektur geplant zu sein: In ihr vereinen sich Zitate der Krönungskirche von Reims, der königlichen Grablege in St-Denis sowie der Ste-Chapelle, der Palastkapelle der Pariser Residenz. Das Anspruchsniveau hätte kaum höher sein können, obwohl León kirchen- und staatspolitisch keinen besonderen Status einnahm. Zu dem »französischen« Eindruck des Inneren tragen auch die komplett erhaltenen Glasfenster bei, die den Raum in wundervoll farbiges Licht tauchen.

Oben: **Toledo,** Kathedrale, beg. 1222/23, Blick in den Chorumgang mit den arabisch geprägten Bogenstellungen des Triforiums.

Rechts und gegenüber: **León,** Kathedrale, beg. 1255, Gesamtansicht und Detail des Langhauses, Glasfenster 13.–16. Jh.

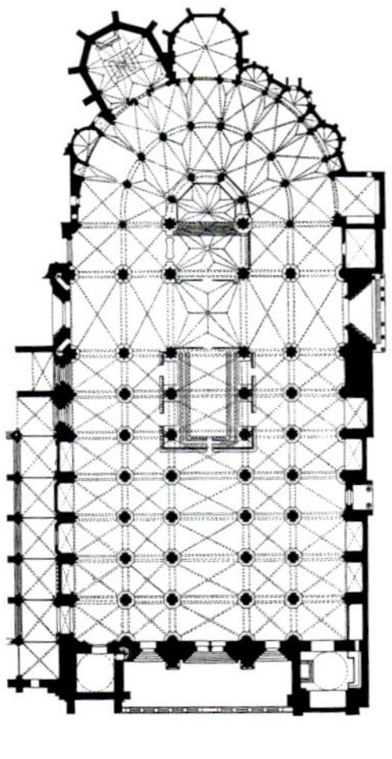

Toledo, Kathedrale

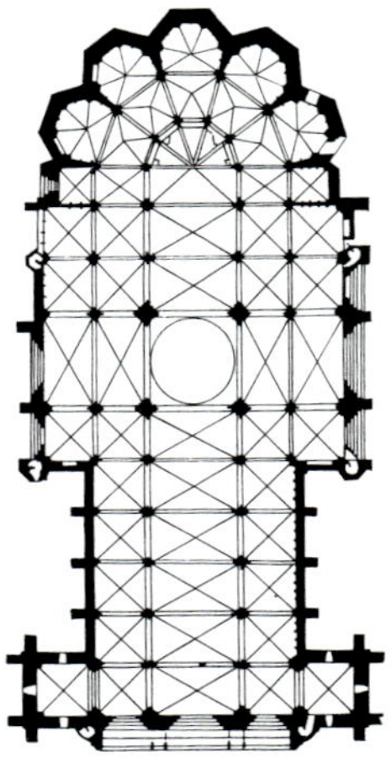

León, Kathedrale

Palma de Mallorca, Kathedrale

Wer sich jemals der Stadt Palma de Mallorca vom Meer aus genähert hat, wird die Silhouette ihrer Kathedrale kaum vergessen: Der trutzige Bau ist an seiner Längsfront durch ein System von massiven, eng gesetzten Strebemauern und -pfeilern gegliedert, das der knapp 110 m langen Fassade eine gitterartige, graphische Struktur verleiht. Das dreischiffige Langhaus wurde um 1369 mit über 42 m Höhe auf äußerst schlanken Stützen errichtet. Der überwältigende Raum kann sich durchaus mit Bourges, Beauvais oder Mailand messen. Vermutlich war der katalanische Baumeister Berenguer de Montagut Urheber dieses Werks.

Barcelona, Kathedrale

Der Grundstein der Kathedrale von Barcelona wurde 1298 gelegt. Über ihm entstand unter der Leitung des Meisters Jaume Fabre eines der imposantesten Monumente der katalanischen Gotik. Das breite Mittelschiff und die fast gleich hohen Seitenschiffe, die in einen Umgangschor münden, erzeugen einen grandiosen Raum. Mächtige Bündelpfeiler trennen die Langhausjoche, deren Gewölbe allerdings erst 1448 mit farbig gefassten Schlusssteinen geschlossen wurden. 1337 wurde die Krypta vollendet, wohl gleichfalls unter der Leitung Jaume Fabres. Von ihm stammt auch das flache zwölfteilige Fächergewölbe, das Antoni Gaudí inspirierte.

Gegenüber oben links und unten: **Palma de Mallorca,** Kathedrale, beg. um 1300, Außenansicht und Inneres (beg. 1369).

Gegenüber oben rechts: **Barcelona,** Sta. Maria del Mar, Grundsteinlegung 1329, Weihe 1384, Innenansicht nach Osten.

Oben und unten: **Barcelona,** Kathedrale Sta. Eulàlia (Seu), beg. 1298, Blick in den Innenraum und Krypta mit dem Marmorsarkophag der hl. Eulàlia, zwischen 1327 und 1339.

Barcelona, Sta. Maria del Mar

Seefahrer und Händler beteiligten sich eigenhändig am Bau der Pfarrkirche Sta. Maria del Mar. Ihr erster Architekt war Berenguer de Montagut, ihm folgten Ramon Despuig und Guillem Metge, der allerdings vor der Weihe 1384 starb. Wie die meisten Kirchen der katalanischen Gotik ist das Äußere von Sta. Maria del Mar von lapidarer Schlichtheit. Die Fassaden lassen kaum erahnen, dass sich hinter ihnen einer der großartigsten Räume der Gotik verbirgt. Schmucklos ist auch er; schlichte oktogonale Pfeiler tragen die Gewölbe. Der Grundriss folgt katalanischer Tradition: ein dreischiffiges Langhaus ohne akzentuiertes Querhaus, die Seitenschiffe wie die zwischen die Strebepfeiler gelegten Kapellen sind um den Chor herumgeführt.

Außergewöhnlich ist die Spannweite der Mittelschiffsjoche, die mit 14 m eine Sensation darstellte und nur von der Wölbung der Kathedrale in Girona übertroffen wurde.

Sevilla, Kathedrale

Die Kathedrale von Sevilla ist wie kein zweiter spätmittelalterlicher Bau auf der Iberischen Halbinsel »repräsentativ«: Über den Fundamenten der alten Moschee errichtet, greift sie deren Raumdisposition auf, überhöht sie aber mit gotischen Strukturen, die weithin den Triumph der abendländischen Architektur signalisieren. Gleichzeitig erhebt sich der ostentativ verarbeitete Stein über die maurische Ziegelkonstruktion. Auch innerhalb der gotischen Baukunst Spaniens steht die Kathedrale von Sevilla an einem Kreuzungspunkt: Erstmalig außerhalb von Kastilien und León wird in größerem Maßstab der Außenbau durch Strebewerk aufgebrochen; damit ist ein Element der »klassischen« Gotik mit dem geschlossenen Umriss katalanisch-aragonesischer Prägung verbunden.

Für die Konstruktion zeichneten verschiedene, vorwiegend fremde Baumeister verantwortlich. Wahrscheinlich entwarf Simon von Köln die mächtige Vierungskuppel, die 1506 vollendet wurde, aber schon 1511 einstürzte. 1515 übernahm Juan Gil de Hontañón die Bauleitung und sorgte für die üppige flamboyante Ausgestaltung der Gewölbe.

Salamanca, Neue Kathedrale

Während in Rom mit dem Petersdom ein Leitbild »klassischer« Architektur entstand, leisteten sich spanische Städte atemberaubende neue Kathedralen im spätgotischen Stil. Dass man gotischen Konstruktionen treu blieb, ist dabei keineswegs als Rückständigkeit zu verstehen: Aus verschiedenen Quellen geht hervor, dass zwei Architektursprachen gleichberechtigt nebeneinander herliefen, die gotische, die als »moderno« aufgefasst wurde, wie eine klassische, mit Renaissanceformen durchsetzte, die man »a lo romano« nannte.

Die Blütezeit des spätgotischen Sakralbaus nahm mit der Kathedrale von Astorga ihren Anfang; sie ist untrennbar mit dem Namen Juan Gil de Hontañón verbunden. Seinem Entwurf wurde auch in Salamanca Vorrang eingeräumt: Die gotische Skelettkonstruktion verleiht dem Äußeren Monumentalität, das Innere ist ebenfalls von bestechender Großzügigkeit. Die prachtvollen Netzgewölbe sind Krönung einer Architektur, die sich ihrer konstruktiven Schönheit bewusst ist.

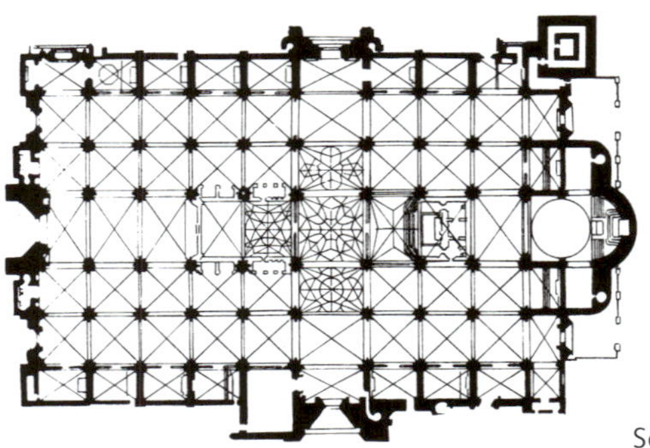

Sevilla, Kathedrale

Links und gegenüber unten: **Sevilla,** Kathedrale, 1402–1506, Ansicht von Südwest. Im Hintergrund der 1198 vollendete Turm der Giralda.

Gegenüber oben: **Salamanca,** Neue Kathedrale, beg. 1513. Im Vordergrund die romanische Alte Kathedrale, an den sich der Neubau anschmiegt.

Batalha, Mosteiro de Sta. Maria da Vitória, gegr. 1385, erbaut 1388–1533.
Unten: Claustro Real, spätes 14. Jh.
Rechts: Mittelschiff der Kirche.
Ganz unten: Gesamtansicht mit der Capela do Fundador im Süden und den Capelas Imperfeitas im Osten.

Batalha, Sta. Maria da Vitória

Portugal, das mit der Zisterzienserabtei von Alcobaça ein einzigartiges Zeugnis der Frühgotik besitzt, lieferte ebenso wichtige Beiträge zur spätmittelalterlichen Architektur. So wurde am Dominikanerkonvent von Batalha, dessen Errichtung João I. 1385 nach dem Sieg über die Kastilier gelobt hatte, bis ins 16. Jahrhundert gebaut. Afonso Domingues entwarf 1388 die Pläne und konnte die dreischiffige Kirche mit Querhaus aufführen. 1402 übernahm der möglicherweise englischstämmige Meister Huguet die Arbeiten. Sein wichtigstes Werk sind die beiden der Kirche angegliederten Grabkapellen, die quadratische Capela do Fundador sowie die kreisförmige Scheitelkapelle, die zum Mausoleum der Königsfamilie bestimmt war. Sie blieb unvollendet und trägt daher den Namen der *Capelas Imperfeitas.*

Belém, Mosteiro dos Jerónimos

Das Hieronymitenkloster von Belém (Bethlehem) bei Lissabon ist das Hauptwerk der Epoche Manuels I. Zur Grablege der Dynastie Aviz bestimmt, verbindet seine Architektur spätgotische Strukturen mit plateresken Dekorationsformen; die dynastische Symbolik verleiht dem Monument einen unverwechselbar portugiesischen Charakter.

Unter der Leitung von Diogo Boytac wurde die weite, dreischiffige Hallenkirche mit Querhaus und Hochchor konzipiert. Die Vollendung des Stützsystems und die einzigartige, den ganzen Raum übergreifende Wölbung blieb João de Castilho überlassen: Das komplizierte Netzgewölbe des Langhauses wird von sechs achteckigen, 25 m hohen und völlig mit Renaissance-Ornament überzogenen Pfeilern getragen, das des Querhauses ist völlig freitragend. Die Konstruktion überstand selbst das Erdbeben von 1755.

Rechts: **Belém (Lissabon),** Mosteiro dos Jerónimos, Innenraum der Kirche und Gewölbe, 1517.

S SIG ISMV

RENAISSANCE

Die Wiedergeburt der Antike, die »Renaissance«, vollzog sich im Italien des frühen 15. Jahrhunderts. Der Architektur fiel dabei eine Schlüsselrolle zu: 1414 war die im Jahr 23 v. Chr. verfasste Schrift »De Architectura« des römischen Architekten und Ingenieurs Vitruv wiederentdeckt worden, zehn Bücher, worin er die Prinzipien der antiken Baukunst festgeschrieben hatte. Obwohl unbebildert, löste der Text einen epochalen Umbruch aus: Das Vorbild der klassischen Architektur bestimmte von nun an alle Äußerungen der Baukunst; das Mittelalter und vor allem »die Gotik« galten als überwunden. Zum Ideal erhob man erneut antikische Stilvorstellungen, so die ausgewogenen, harmonischen Proportionen, die als Spiegel eines vollendeten menschlichen Körpers verstanden wurden. Die Säulenordnungen, von denen Vitruv vier (toskanisch, dorisch, ionisch, korinthisch), spätere Autoren mindestens fünf kannten, blieben bis ins 19. Jahrhundert bestimmendes Element jeder Konstruktion. Bei ihrer Verbreitung übernahm die Druckgraphik eine entscheidende Rolle: Die Traktate von Leone Battista Alberti, Vignola, Sebastiano Serlio und Andrea Palladio trugen die Ideen der italienischen Renaissance bis ans Ende der bekannten Welt.

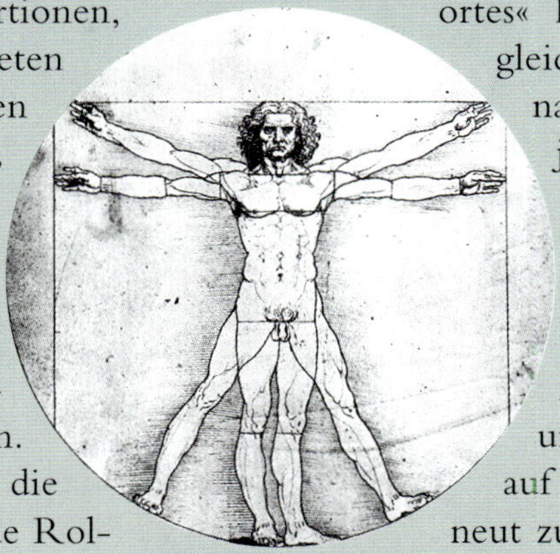

Als höchste Bauaufgabe galt nach wie vor die Sakralarchitektur. So eröffneten zwei Florentiner Basiliken, S. Lorenzo und S. Spirito, architekturgeschichtlich das Renaissancezeitalter. Beides Werke des Filippo Brunelleschi, lieferten sie die Vokabeln und die Syntax der neuen Formensprache. Mit der Errichtung der 45 m überspannenden Domkuppel gelang Brunelleschi zeitgleich eine bislang als unmöglich erachtete technische Bravourleistung.

Dem Theoretiker Alberti erschien der traditionelle Kirchengrundriss über lateinischem Kreuz dagegen als unzeitgemäß; er bevorzugte Grundrisse über Kreis, Quadrat, Sechseck oder Achteck. Die Fassade des »Tempio Malatestiano«, eigentlich einer Franziskanerkirche, wie später auch die Front von Sant'Andrea in Mantua, gestaltete er spektakulär als römischen Triumphbogen. Dass all diese auf den Kirchenbau übertragenen Motive paganen Ursprungs waren, konnte den Siegeszug der antikischen Architektur nicht aufhalten. Bezeichnend ist, dass sogar der Neubau des ehrwürdigsten »Tempels« der Christenheit, Sankt Peter, über Dekaden als Zentralbau geplant wurde – und als solcher in Michelangelos großartigem Entwurf Triumphe feiern sollte.

Die Wende vom 15. zum 16. Jahrhundert markiert die Ablösung des »Innovationsstandortes« Florenz durch Rom und zugleich den Beginn der Hochrenaissance. 1496 übersiedelte der junge Michelangelo an den Tiber, 1499 ließ sich Bramante in Rom nieder, 1508 folgte Raffael. Anders als in Florenz ließen sich in Rom die antiken Monumente *in situ* studieren, und mit Julius II. saß ein Papst auf dem Thron, der die Stadt erneut zum *caput mundi* zu erheben gedachte. Über mehr als 200 Jahre sollte Rom von nun an seinen Anspruch auf die (kirchen)politische Vormacht behaupten können. Selbst aus den Spannungen, die die Reformation in halb Europa auslöste, ging die *urbs* gestärkt hervor: Die Gegenreformation und ihre treibende Kraft, die Jesuiten, propagierten ein neues Religions-, Bild- und Bauverständnis, das von Rom aus bis in die Neue Welt vordrang.

Ob die Architektur des 15./16. Jahrhunderts außerhalb Italiens als »Renaissance« gelten kann, ist umstritten. Wenn überhaupt, kopierten nordalpine Baumeister antikische Details oberflächlich, stülpten sie spätgotischen Strukturen über, ohne dabei das komplexe »Denk«-Gebäude italienischer Theoretiker zu rezipieren. Doch brachte gerade die Vermischung alter und neuer Stilformen ungemein kreative Werke hervor.

Rom, St. Peter, Westapsis, Michelangelo Buonarotti, beg. 1558. Kolossale Pilasterpaare gliedern die Wandflächen: Sie verleihen den Mauern Plastizität und Volumen.

Links: **»Vitruvianische Figur«,** Leonardo da Vinci, spätes 15. Jh.

Gegenüber: **Rimini,** S. Francesco (sog. Tempio Malatestiano), Leone Battista Alberti (Architektur) und Agostino di Duccio (Skulptur), beg. 1446, Blick in die Cappella S. Sigismondo.

Pablo de la Riestra
Formenkunde Renaissance/Kirchenbau

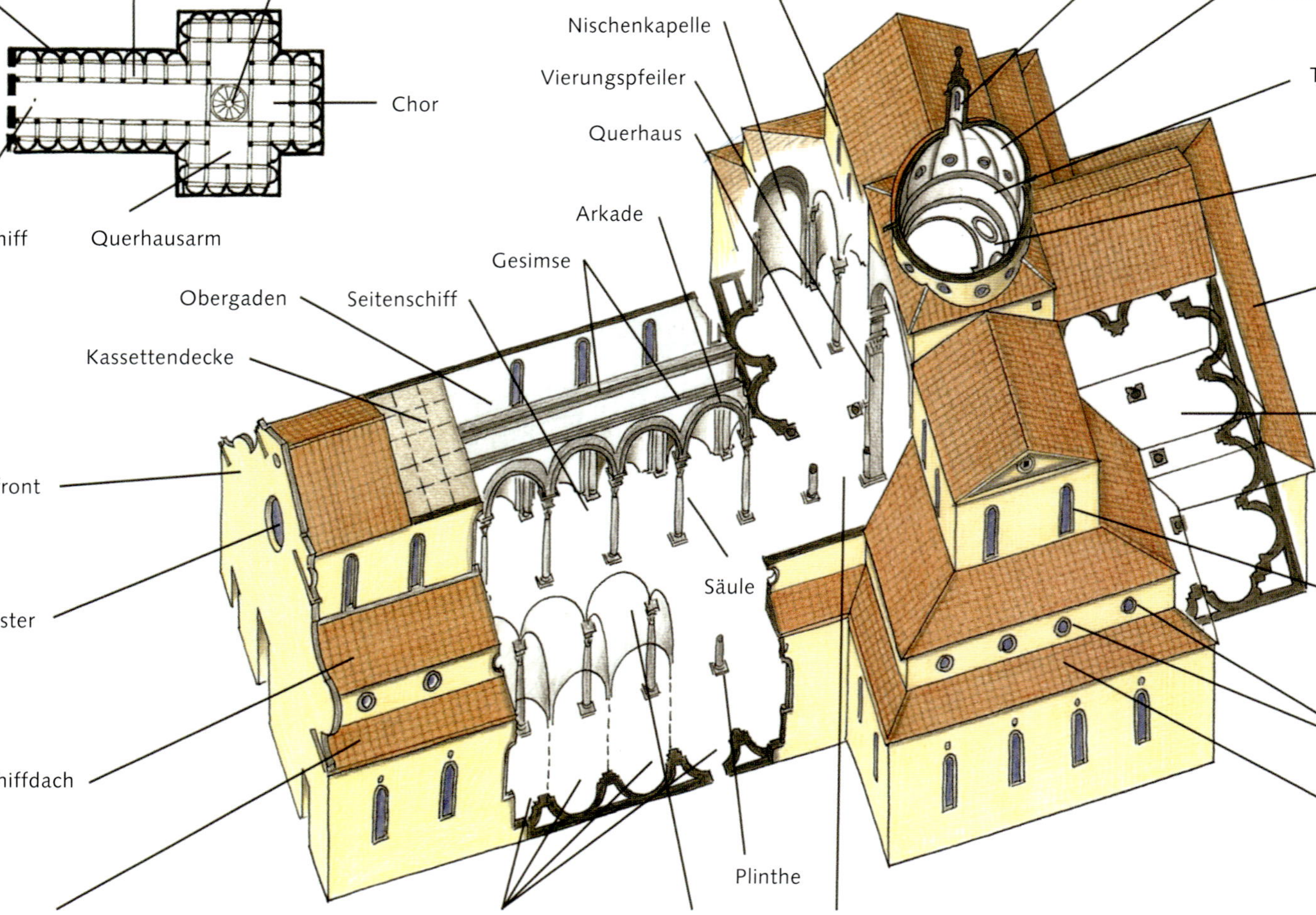

Basilika mit geradem Chorabschluss und umlaufendem Kapellenkranz
Florenz, S. Spirito, Filippo Brunnelleschi, 1436–87

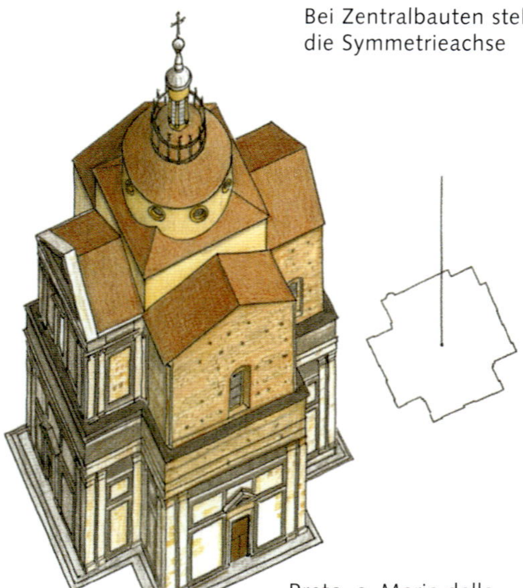

Prato, s. Maria delle Carceri, 1480

Verdachung von Fenstern und Türen

1 Dreiecksgiebel
2 Dreiecksgiebel, verkröpft
3 Dreiecksgiebel, gesprengt
4 Segmentgiebel
5 Segmentgiebel, gesprengt
6 Segmentgiebel, unten offe

Renaissance – Manierismus
Axonometrien mit Grundrissen, Innen- und Außenansichten

1 Saalkirche unter Holztonne mit erhöhtem Chor (Vendig, S. Maria dei Miracoli, Pietro Lombardo, 1481–89)

2 Wandpfeilerkirche (Mantua, S. Andrea, Leon Battista Alberti, beg. 1471)

3 Zentralbau mit Kuppel auf Vierpass-Crundriss (Todi, S. Maria della Consolazione, ab 1508)

4 Emporenkirche unter Tonnengewölbe mit nischenartigem Chor (Augustusburg, Schlosskapelle, 1569)

5 dreischiffiger Längsbau mit zweigeschossigen Emporen (Würzburg, ehem. Universitätskirche, Joris Robin, 1583–91)

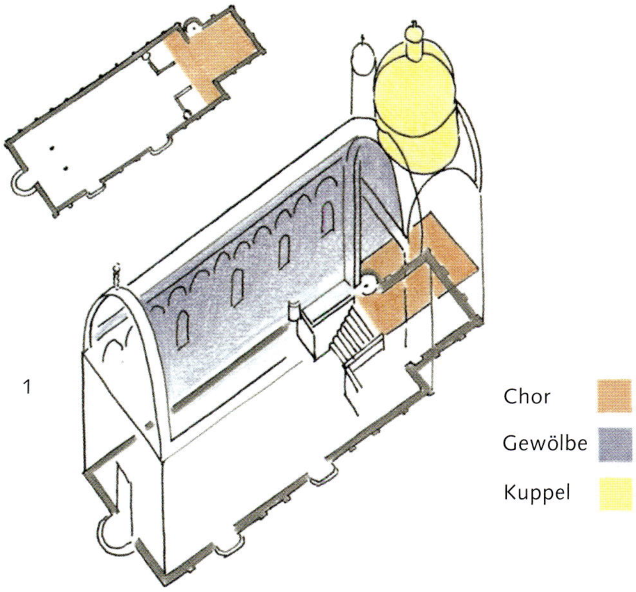

1

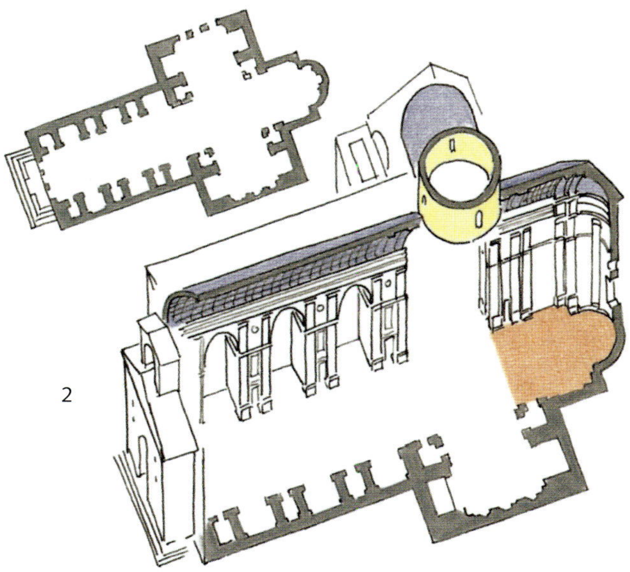

2

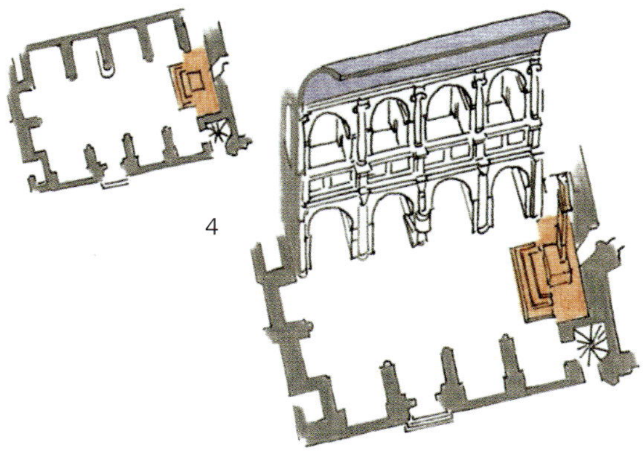

4

3

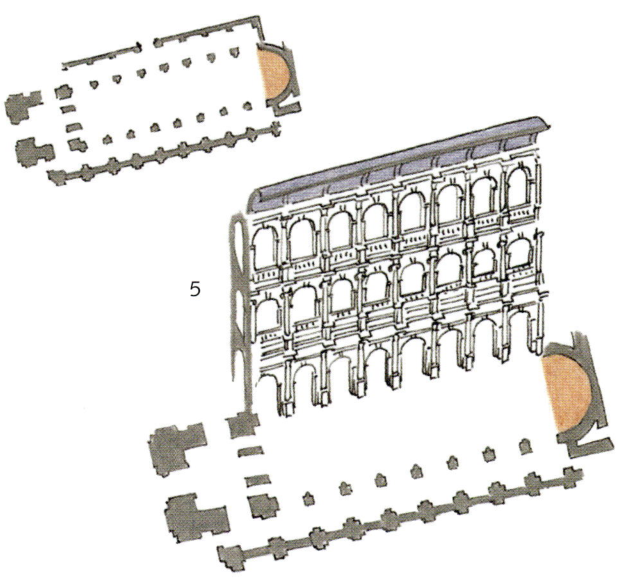

5

Brunelleschi und die Frührenaissance

Die Werke des Filippo Brunelleschi sind Inkunabeln der Frührenaissance und der gesamten neuzeitlichen Architektur. Ihre Struktur zielt auf Rationalität und Klarheit; schlichte, die Horizontalen und Vertikalen betonende Linien, ausgewogene Proportionen und symmetrischer Aufbau verleihen ihnen den Ausdruck vollkommener Harmonie. Brunelleschis Kirchenräume nehmen das Schema der frühchristlichen Basilika wieder auf, verwandeln es aber in ein konsequent durchgliedertes, mathematisches System.

Charakteristisch ist der Gebrauch weißer und grünlicher Marmoreinlagen, welche die Tektonik der Bauten nachzeichnen und ausschmücken. All diese Elemente wurden im 11. Jahrhundert vorformuliert: Die klassischen Details und die Marmorinkrustationen der Florentiner Kirchen sind so deutlich von romanischen Bauten inspiriert, dass für jene der Begriff »Toskanische Protorenaissance« geprägt wurde – freilich hielt man sie im 15. Jahrhundert für Zeugnisse des Altertums.

Brunelleschis Hauptwerk ist die Kuppel des Florentiner Doms, die er zwischen 1418 und 1436 vollendete. Bei einer Spannweite von 45,52 m galt ihr Bau als ungeheures Wagnis. Brunelleschi überzeugte mit einer durch Rippen verstärkten, selbsttragenden Zweischalenkonstruktion, die ohne Lehrgerüst, Zug um Zug, aufgemauert werden konnte.

Oben links und rechts: **Florenz,** S. Spirito, Inneres, Filippo Brunelleschi, beg. 1436, und Sakristei, Il Cronaca u. a., beg. 1488.

Unten: **Florenz,** Domkuppel, Filippo Brunelleschi, beg. 1420.
Gegenüber: **Florenz,** S Lorenzo, Filippo Brunelleschi, beg. 1420, Inneres.

Rechts: **Florenz,** S. Maria Novella, Leone Battista Alberti, beg. 1458, Obergeschoss der Fassade mit gliederndem Marmordekor.

Gegenüber und unten: **Mantua,** S. Andrea, Leone Battista Alberti, beg. 1472, Innenansicht und triumphbogenartige Fassade.

Florenz, S. Maria Novella

Neben Brunelleschi prägte der Humanist, Diplomat und Künstler Leone Battista Alberti (1404–72) die Baukunst der Neuzeit nachhaltig. Sein Traktat *De Re Aedificatoria* (1451) steht am Anfang einer Reihe theoretischer Schriften, die Formen und Funktionen der Baukunst zu ergründen suchten. Als ästhetisch bahnbrechend erwies sich seine Umgestaltung der Fassade von S. Maria Novella in Florenz: Der Kunstgriff, das Gefälle des schmaleren, aber höheren Mittelschiffs zum breiteren, aber niedrigeren Untergeschoss mit Voluten zu kaschieren, wurde von zahllosen Kirchen des 16. Jahrhunderts aufgegriffen.

Mantua, S. Andrea

Wegweisend für die Architektur der Hochrenaissance wurde Albertis Entwurf für S. Andrea in Mantua (1470). Ähnlich wie in Brunelleschis Pazzi-Kapelle oder im Tempio Malatestiano ist die Fassade als römischer Triumphbogen begriffen, hier nur im monumentalen Maßstab. Ein Dreiecksgiebel bekrönt die durch Pilasterordnungen gegliederte Schauseite. Ihre Abstufungen spiegeln den Aufbau des Innenraums wider. Dessen Langhaus ist von einer kassettierten Tonne überwölbt, deren Schub von den Quertonnen der Seitenkapellen aufgefangen wird. Den inneren Aufriss bestimmt der Wechsel von Kapellenöffnungen und schmaleren Wandfeldern im Verhältnis 3 : 4, die so genannte rhythmische Travée. All diese Motive, die Alberti aus der Kenntnis antiker Architektur entwickelte, prägten den Sakralbau folgender Generationen.

Oben: **Prato,** S. Maria delle Carceri, Giuliano da Sangallo, beg. 1484, Außenansicht des über griechischem Kreuz errichteten Baus.

Toskanische und umbrische Zentralbauten

Das Gotteshaus des Renaissancezeitalters sollte absolute Vollkommenheit verkörpern – für Alberti und seine Zeitgenossen begann dies bereits mit dem Grundriss, der »zentralisierend« sein sollte, d. h. auf Kreis, Quadrat, Achteck, gleichschenkligem Kreuz etc. basierte. Denn, so hieß es, dem Kreis oder dem Vieleck mit ihren Ableitungen gelte die Vorliebe der Natur, »der göttlichen Lehrerin aller Dinge«. Zeichnungen und Illustrationen der Traktatliteratur belegen, wie ernst man das Thema im Quattrocento nahm: So hinterließ Leonardo einen wahren Katalog verschiedenster Lösungen, die auf geometrischen Grundfiguren fußen. Die Bedeutungsschwere, die dem Entwurfsprozess innewohnte, offenbart die »Vitruvianische Figur«: Sie bringt Kreis und Quadrat mit dem menschlichen Körper zur Deckung und leitet die Maße eines Bauwerks aus den Gliedmaßen eines Mannes mit ausgestreckten Armen und gespreizten Beinen ab. Der wohl gestaltete Mensch ist Abbild des Kosmos, seine Geometrie und perfekte Proportion sind Inbegriff göttlicher Harmonie. Wenn der Architekt seinem Vorbild folgt, überträgt er diese Harmonie auf die eigenen Schöpfungen, die Bauwerke.

Allerdings blieben die meisten dieser Idealentwürfe auf dem Papier. Umso mehr erstaunt es, dass sich gerade abseits der großen Städte wundervolle Zentralbauten erhalten haben: Zu den konsequentesten – und schönsten – Lösungen zählen die Märtyrerkirche S. Maria delle Carceri in Prato, die Giuliano da Sangallo ab 1484 über dem Grundriss eines griechischen Kreuzes errichtete, oder die 1508 begonnene S. Maria della Consolazione in Todi, deren kreuzförmigem Kern vier Apsiden angefügt sind. Vermutlich folgte ihre Konzeption den Ideen Bramantes oder Leonardos. In Todi, wie auch in S. Biagio bei Montepulciano, der »intellektuellsten« dieser Gruppe (begonnen 1518), tritt ein weiteres Element hinzu, das ebenfalls von Alberti gefordert wurde: die herausgehobene, singuläre Lage, die den »Tempel« dem Getriebe des Alltags entzieht.

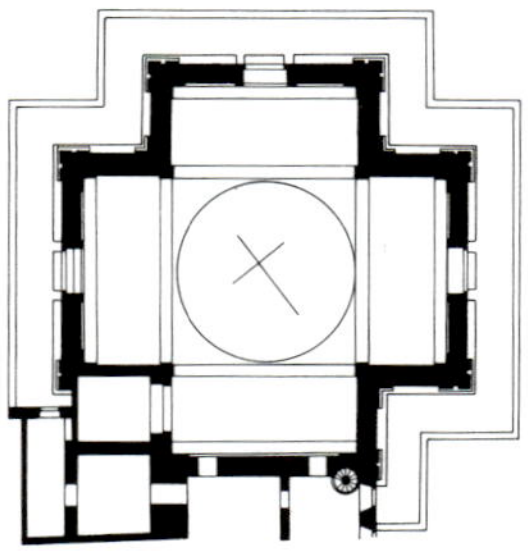

Prado, S. Maria delle Carceri

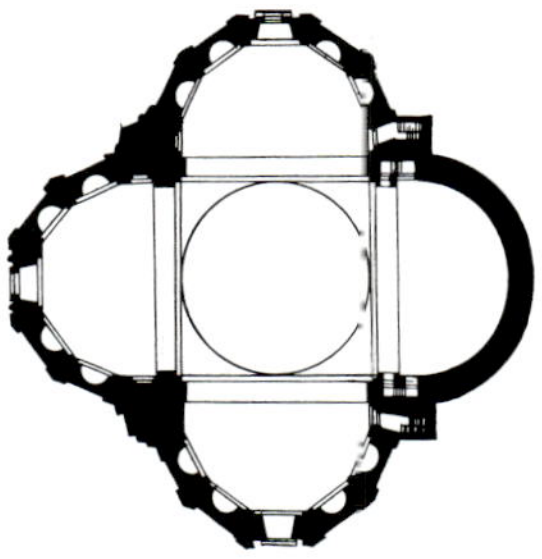

Todi, S. Maria della Consolazione

Links: **Montepulciano,** S. Biagio, Antonio da Sangallo d. Ä., um 1518–40. Bramantes Entwürfe für St. Peter wurden hier aufgegriffen.

Gegenüber: **Todi,** S. Maria della Consolazione, Baldassare Peruzzi und Cola da Caprarola, beg. 1508, Außenansicht.

kannte Monumentalität und Plastizität, seine Proportionen sind ausgewogen und ordnen sich dem engen Areal des Klosterhofs harmonisch ein. Die beherrschende dorische Säulenordnung des Untergeschosses ist mit archäologischer Sachkenntnis gestaltet.

Bramantes Tempietto vervollkommnete die Zentralbaulösungen des Quattrocento; als Verbindung von antikem Tempel und Märtyrerkirche setzte er darüber hinaus ein signifikantes Zeichen historischer Kontinuität in der Römischen Kirche.

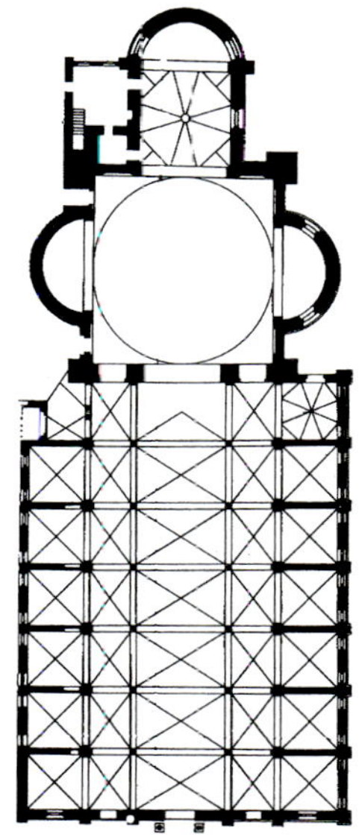

Mailand, S. Maria delle Grazie

Unten: **Mailand,** S. Maria delle Grazie, Donato Bramante, beg. 1492, Außenansicht von Südost.

Gegenüber und oben: **Rom,** S. Pietro in Montorio, Tempietto, Donato Bramante, beg. 1502, Außenansicht und Blick in das Innere des antikischen Zentralbaus.

Mailand, S. Maria delle Grazie

Donato di Pascuccio d'Antonio (um 1444–1514), genannt Bramante, beschäftigte sich Zeit seines Lebens mit dem Entwurf von Zentralbauten. Zu den Meisterwerken seines frühen Schaffens in Mailand zählt der Neubau der Kirche S. Maria presso S. Satiro, für die er u. a., aus Platzgründen, eine gemalte (!) Kassettenkuppel schuf. Dagegen ist der Dreikonchenchor von S. Maria delle Grazie (begonnen um 1492) von einer ganz reellen, mächtigen Kuppel überhöht. Im Spiel mit geometrischen Formen und deren effektvoller Staffelung sind die Grundlagen von Bramantes späteren Entwürfen zu erkennen: Die Planungen für den Neubau von St. Peter scheinen in Mailand vorweggenommen.

Rom, S. Pietro in Montorio

Der Tempietto im Hof von S. Pietro in Montorio, Bramantes erstes Werk in Rom, gilt als Inkunabel der »klassischen« Renaissance. Der zierliche Memorialbau wurde von dem spanischen Königspaar Ferdinand und Isabella gestiftet; er sollte den Ort der Kreuzigung des Apostels Petrus nobilitieren. Der 1502 begonnene Rundtempel des inzwischen knapp 60-jährigen Bramante kam, wie kein Bau zuvor, der Antike nahe: Obwohl von bescheidenen Ausmaßen, erreichte er eine bislang unge-

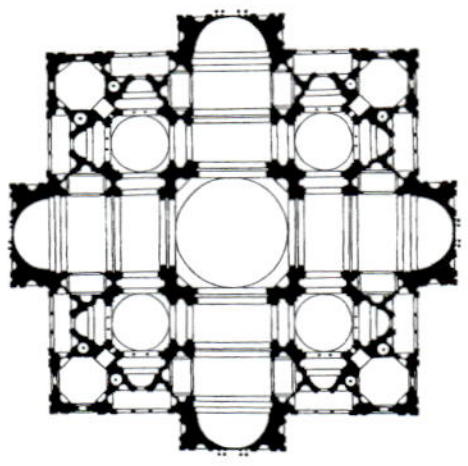

Donato Bramante, 1506

Raffael, 1514

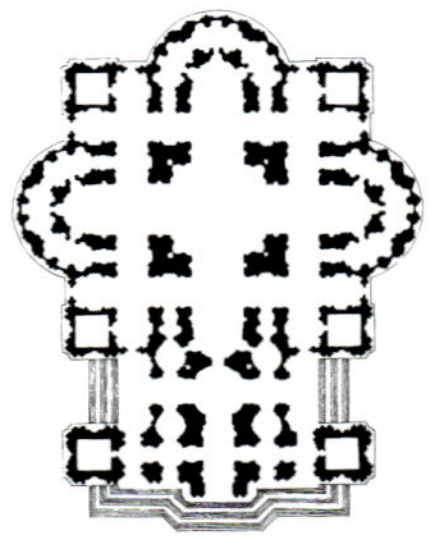

Antonio da Sangallo d. J., 1539

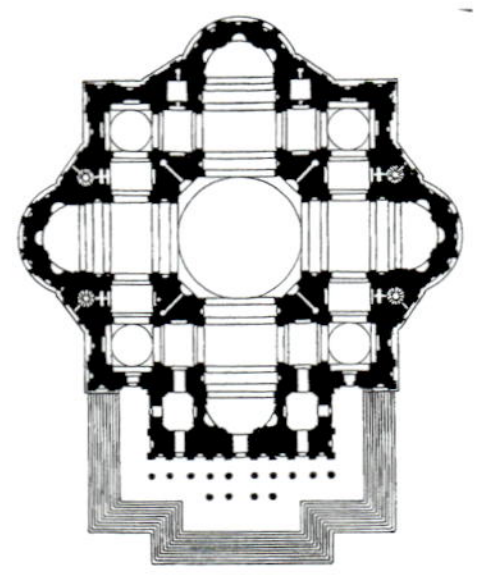

Michelangelo, 1546

Links, unten und gegenüber: **Rom,** St. Peter, beg. 1506, Grundrissentwürfe, Gesamtansicht und Blick auf die Kuppel Michelangelos.

Rom, St. Peter

Im Jahre 1506 beschloss Julius II., die unansehnlich gewordene Hauptkirche der Christenheit durch einen würdigen Neubau zu ersetzen. Anders als seine Vorgänger, die Alt-St. Peter umfassend restaurieren und erweitern wollten, beflügelte ihn der Wunsch, ein künstlerisch einzigartiges und zeitgemäßes Werk ins Leben zu rufen. Es sollte den Ruhm der katholischen Kirche und den seines Gründers in die Welt tragen. Allein das Grab des Apostelfürsten Petrus sollte unangetastet und in seiner Lage an hervorragender Stelle des Kircheninneren erhalten bleiben. Am 18. April begannen die Arbeiten nach einem Entwurf Bramantes und seines Mitarbeiter Giuliano da Sangallo. Ihr heute unter der Signatur 1 A in den Uffizien aufbewahrter Plan sah einen dreischiffigen Zentralbau über griechischem Kreuz vor, der, so Bramante, »das Pantheon auf die Konstantinsbasilika türmen« wollte. Obwohl das Projekt in dieser Form nicht ausgeführt wurde, lieferte es doch die entscheidenden Vorgaben für die weitere Planung, bis hin zum Kuppelbau Michelangelos.

Als Bramante 1514 starb, waren die 45 m hohen Triumphbögen der Vierung aufgemauert. Raffael, sein Nachfolger als Leiter der Bauhütte, hatte die Gegebenheiten zu akzeptieren. Er modifizierte jedoch Bramantes Entwurf, indem er dem Zentralraum ein dreischiffiges Langhaus mit Seitenkapellen voranstellte. Raffaels plötzlicher Tod im Jahre 1520 ließ jedoch auch dieses Projekt scheitern. Dessen Nachfolger, Baldassare Peruzzi, berief sich wiederum auf den Plan Bramantes; ihn löste Antonio da Sangallo d. J. ab, der seinerseits den Langhausentwurf Raffaels bevorzugte. Die Arbeiten gerieten ins Stocken; immerhin konnte Sangallo bis zu seinem Ableben 1546 den südlichen und östlichen Kreuzarm einwölben und die Grotten für die Papstgräber einrichten – ihre Anlage verfolgte eigentlich den Zweck, den Niveauunterschied am Vatikanshügel auszugleichen und als Stauraum für die zerstörerische Bodenfeuchtigkeit zu fungieren.

Gegen Ende des Jahres 1546 übernahm der bereits 71-jährige Michelangelo unentgeltlich die Arbeiten an St. Peter. Der betagte Meister kehrte zu den Ideen Bramantes zurück; er übernahm das Konzept des Zentralbaus, straffte und steigerte die etwas kleinteiligen Entwürfe seiner Vorgänger jedoch ins Monumentale und Dynamische. Im Vordergrund stand nun die Errichtung der Kuppel, deren Konstruktion sich die Florentiner Domkuppel zum Vorbild nahm. Auch die Anlage der Konchen geht auf diesen Entwurf zurück.

Allerdings erlebte auch Michelangelo nicht die Vollendung seines Meisterwerks: Bei seinem Tod 1564 standen nur – oder immerhin – der Kuppeltambour und die Mauern der Kreuzarme. Vollendet wurden Michelangelos Pläne um 1590 durch seine Amtsnachfolger Giacomo Barozzi da Vignola, Pirro Ligorio, Giacomo della Porta und Domenico Fontana.

Die verwirrende Baugeschichte von St. Peter sollte sich im Barockzeitalter nicht minder abwechslungsreich fortsetzen: So verfügte Paul V. eine Verlängerung des Zentralbaus nach Osten (St. Peter war seit seiner Gründung gewestet), da dieser den liturgischen Konzepten der Gegenreformation nicht entsprach. 1626 wurde schließlich der Longitudinalbau Carlo Madernas geweiht. Drei Jahre später begann Bernini mit der Errichtung der Glockentürme. Da der erste wegen baulicher Mängel einstürzte, wurde das gesamte Projekt aufgegeben. Trotz mancher Widerstände konnte Bernini allerdings seine großartige Vision vom Petersplatz realisieren.

VNA FIDES

Rom, St. Peter
Gegenüber: Blick in die Vierung mit dem bronzenen Baldachin des Gianlorenzo Bernini, 1624–33; an den Bildrändern die Vierungspfeiler mit den Figurennischen, im Hintergrund die Kathedra Petri.

Rechts: Blick in die Kuppel nach dem Entwurf Michelangelos, um 1546.

Unten: Grabmal für Alexander VII., Gianlorenzo Bernini, Marmor und vergoldete Bronze, 1672–78.

Berninis Werke in St. Peter

Nach seiner Wahl zum Papst im Jahr 1623 beauftragte Urban VIII. Bernini mit der Vollendung des Dominneren. Die Arbeiten am Baldachin über Petrusgrab und Papstaltar begannen 1624, wenig später erhielt der Bildhauer-Architekt den Auftrag, die Vierungspfeiler mit Nischenfiguren auszustatten und zu monumentalen Reliquiaren umzudeuten. Beide Aufgaben waren einem zwingenden theologischen Konzept unterworfen und wurden zugleich künstlerische Offenbarungen: Der Baldachin mit seinen monumentalen gedrehten »salomonischen« Bronzesäulen erinnert an die konstantinische Peterskirche wie an den Tempel Salomos in Jerusalem. Die 4 m hohen Nischenfiguren (von Berninis Hand der hl. Longinus, beg. 1629) präsentieren pathetisch die Hauptreliquien des Petersdoms.

Zwischen 1657 und 1666 erfolgte die Umgestaltung der Apsis mit der Kathedra Petri, des Throns des Apostelfürsten, den Bernini in ein visionäres Gesamtkunstwerk zu verwandeln wusste. Die beiden Papstgrabmäler zählen gleichfalls zu den Ausnahmewerken barocker Kunst: Während Urban VIII. in imperialer Geste, in voller Amtsgewalt geschildert wird, kniet Alexander VII. demütig, jedoch nicht minder selbstbewusst inmitten der Personifikationen von Gerechtigkeit, Weisheit, Nächstenliebe und Wahrheit. Der Tod ist allgegenwärtig: Aus dem kostbaren Bahrtuch steigt ein Gerippe empor und reckt drohend das Stundenglas.

Bergamo, Cappella Colleoni

Die Renaissancearchitektur in der Lombardei folgte anderen Prinzipien als die der Toskana. Der ornamentale Reichtum der Fassaden, ihr malerisches Erscheinungsbild ließen die durchaus klassischen Grundstrukturen oft in den Hintergrund treten. Ein charakteristisches Beispiel liefert die Grabkapelle des Condottiere Bartolomeo Colleoni in Bergamo: Reminiszenzen gotischer Architektur – Fensterrose, Zwerggalerie, Maßwerk – verbinden sich dekorativ mit antikisierenden Elementen wie Pilastern, Giebeln und Medaillons. Schöpfer des eigenwilligen Baus ist der Architekt und Bildhauer Giovanni Antonio Amadeo, einer der meist beschäftigten Künstler Oberitaliens, der u. a. auch am Bau der Certosa von Pavia beteiligt war.

Venedig, S. Maria dei Miracoli

In der Lagunenstadt lebte byzantinisches und gotisches Stilvokabular während des gesamten 15. Jahrhunderts ungebrochen fort; die Renaissance vermochte sich nur zögernd durchzusetzen. Die für ein wundertätiges Marienbild errichtete Votivkirche S. Maria dei Miracoli beweist jedoch, wie flexibel sich das neue Formengut interpretieren ließ: Die tonnengewölbte Saalkirche mit ihren klassischen Proportionen, der Pilastergliederung und den Marmorinkrustationen steht den Ideen Albertis sehr nahe, die Feingliedrigkeit und Vielfalt des Baudekors nimmt hingegen venezianische Traditionen auf. Das schmucke Kirchlein ist Werk des Pietro Lombardo und seiner Söhne.

Gegenüber: **Bergamo,** Cappella Colleoni an S. Maria Maggiore, Giovanni Antonio Amadeo, beg. 1470, Fassade der Grabkapelle.

Oben links und rechts: **Venedig,** S. Maria dei Miracoli, Pietro Lombardo u. a., 1481–89, Außenansicht und Blick in den Innenraum.

Palladios venezianische Kirchenbauten

Der 1508 in Padua geborene Steinmetz und Architekt Andrea Palladio hat wie kein Zweiter stilbildend gewirkt. Seine »Vier Bücher über Architektur« (1570) gehörten zum Rüstzeug jedes anspruchsvollen Baumeisters. Bis ins 18. Jahrhundert hinein galten seine Bauten als Inbegriff der Renaissancearchitektur.

Obwohl sein Hauptaugenmerk der Wiederbelebung der »Villa« galt, kam Palladio auch im Sakralbau zu epochalen Neuerungen. So gelang es ihm, die antike Tempelfront für den Sakralbau tauglich zu machen – eine Aufgabe, an dem die Baumeister des Quattrocento fast ausnahmslos gescheitert waren. Ein zweites Problem betraf die Typologie: Der von den Architekturtheoretikern lange favorisierte Rundbau galt in Zeiten der Gegenreform als heidnisch – gefordert wurde nun ein Grundriss

Unten: **Venedig,** Blick auf S. Giorgio Maggiore auf der gleichnamigen Insel im Bacino di S. Marco, Andrea Palladio, beg. 1566.

in Kreuzesform, der Palladios Vorstellungen vom »christlichen Tempel« grundsätzlich zuwiderlief. Doch gelang ihm in den venezianischen Kirchen Il Redentore (begonnen 1576) und S. Giorgio Maggiore (begonnen 1566) die Quadratur des Kreises: In beiden schaltete er verschiedene Raumformen hintereinander und verklammerte sie mittels einer übergreifenden Wandgliederung; die Vierung ist mit zentralisierenden Elementen ummantelt, der basilikale Aufriss mit einer Tempelfront kaschiert.

Ein Geniestreich ist die über dem Canale della Giudecca aufsteigende Fassade des Redentore, in der sich zwei antikische Tempelfronten überlagern. Hinterfangen wird die kulissenhaft inszenierte Front von einer hoch aufragenden, raumgreifenden Kuppel.

Oben: **Venedig,** Il Redentore am Canale della Giudecca, Andrea Palladio, beg. 1576.

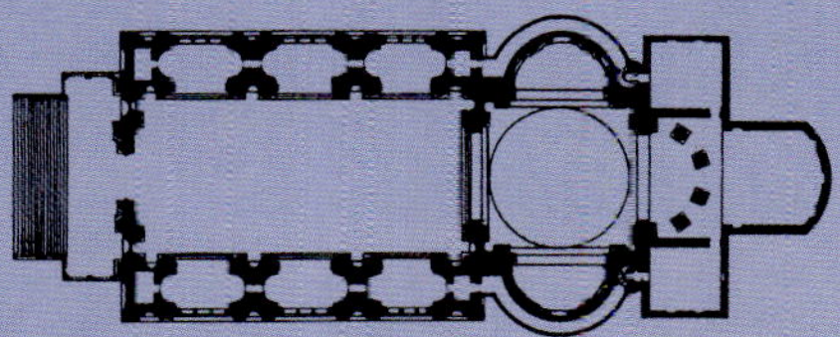

Venedig, Il Redentore

Gegenüber links und rechts: **Paris,** St-Étienne-du-Mont, Fassade, beg. 1610, und Lettner, um 1540. Der ungewöhnlich fein gearbeitete Lettner zählt zu den wenigen seiner Art, die in Frankreich erhalten sind.

Renaissancekirchen in Frankreich

Frankreich, Heimstatt der »Kathedralgotik«, tat sich begreiflicherweise schwer mit der Übernahme der Renaissance. Die lichten spätgotischen Kirchenräume, die noch heute durch die Kunstfertigkeit ihrer Wölbesysteme und die Perfektion von Steinschnitt und Dekor bestechen, blieben bis weit ins 16. Jahrhundert hinein verbindlich. Wenn sich dennoch Renaissanceformen durchsetzten, so berührten sie zunächst ausschließlich den Dekor, nicht aber die Struktur des Baus: etwa in der Pariser Kirche St-Eustache, die zwischen 1532 und 1637 über einem vollkommen »gotischen« Grundriss mit fünf Schiffen und doppeltem Umgangschor errichtet wurde. Ihre dekorativen Sterngewölbe spannen sich über schlanken Bündelpfeilern, die mit klassischen Säulen und Kapitellen verkleidet sind. Auch der Lettner in St-Étienne-du-Mont (vor 1540 [?]) zählt zu den reizvollen Werken dieses Mischstils. Er fußt auf einem weiten, flachen Bogen, der sich über das Mittelschiff spannt und den Blick gen Osten frei lässt; eine ungewöhnliche Konzeption, denn die Chorschranken verstellten üblicherweise die Sicht auf den Altar. Ungewöhnlich ist auch der kunstvolle Aufbau des Lettners: Zur Plattform und zum Umgang führen elegante Spiraltreppen, die sich mit kühnem Schwung um die schlanken Säulen des Langhauses winden.

Die Fassade von St-Étienne-du-Mont scheint, obwohl erst 1610 begonnen, einem Musterbuch manieristischer Architektur entnommen: Drei verschiedene Giebel sind übereinander getürmt und geben der Front einen ausgeprägt vertikalen Akzent. Während das Untergeschoss als Tempelfront mit rustizierten Säulen ausgebildet ist, prangt im oberen Geschoss eine gotische Rose unter einem gesprengten Segmentgiebel. Aus manieristischem Formenschatz schöpft auch Philibert de l'Ormes Architektur im Jagdschloss von Anet (Eure-et-Loire).

Der entscheidende Schritt zu einem neuen Sakralraum wurde letztlich in Joigny (Yonne) vollzogen: Hier überwölbte der Architekt Jean Chérau zwischen 1557 und 1596 das Langhaus der Kirche St-Jean mit einem weiten Tonnengewölbe und griff damit römisch-romanische Traditionen wieder auf.

Oben: **Schloss Anet,** Philibert de l'Orme, 1547–52, Blick in die Kuppel der Schlosskapelle.

Gegenüber unten und oben: **Paris,** St-Eustache, 1532–1637, Detail des Obergadens, in dem sich gotische Wandstrukturen mit Renaissanceelementen verbinden.

BAROCK, ROKOKO UND KLASSIZISMUS

Die Stilepochen des Barock und des Rokoko umfassen die Spanne zwischen dem späten 16. und der Mitte des 18. Jahrhunderts, das Zeitalter des Absolutismus, in dem weltliche oder geistliche Instanzen nahezu uneingeschränkte Macht entfalten konnten.

Die Wende von Renaissance und Manierismus zum Barock vollzog sich in Rom, und es waren über Jahrzehnte römische Künstler, die den neuen, sensualistischen Baustil in die Welt trugen. Erst im späteren 17. Jahrhundert bildeten sich regionale Sonderformen aus, etwa im Piemont, in Venedig und im damals spanischen Süditalien. Treibende Kraft der künstlerischen Erneuerung war, wie schon zu Zeiten Raffaels, Bramantes und Michelangelos, der Vatikan und der ihn umgebende Hofstaat. Doch erst die Gegenreformation schuf die ideologischen Voraussetzungen für einen tief greifenden Umschwung. So nutzten die Jesuiten das rhetorische Pathos barocker Kunst, um Glaubensinhalte zu vermitteln.

Mit seinem einheitlichen Predigtraum und seiner kraftvollen Fassade wurde ihr erster Kirchenbau, Il Gesù, zur Inkunabel barocker Architektur. Mit Giacomo della Portas und Vignolas Werk setzten sich neue Strukturformen durch: Die Elemente der klassischen Architektur werden nun nicht mehr gleichberechtigt nebeneinander geordnet und ausgewogen proportioniert, sondern hierarchisch gestaffelt und an zentraler Stelle herausgehoben. Flächen und Volumen sind rhythmisiert und in Bewegung versetzt. Zunehmend finden geschwungene Formen Verwendung, im Aufriss, ebenso aber auch im Grundriss. Die Wand wird plastisch durchgebildet, der Baukörper als komplexes Kunstwerk verstanden, in den Malerei und Skulptur wie selbstverständlich integriert sind.

Hof und Kirche bedienten sich namhafter Künstler, um ihren Vorstellungen Ausdruck zu verleihen. In welchem Maß Bauherren und Architekten voneinander abhängig waren, wird am Beispiel der Päpste des 17. Jahrhunderts und ihrer wechselnden Bevorzugung von Bernini und Borromini deutlich. Deren lebenslange Rivalität wurde als Konflikt zwischen handwerklicher Kreativität und höfischer Invention interpretiert. Sie gilt als Inbegriff divergierender Kunstströmungen im barocken Rom.

Die Abkehr von lange gültigen ästhetischen Normen trug dem neuen Stil die abwertende Bezeichnung »barock« ein, ein Wort, das die portugiesische Sprache für ungleichmäßige, »schiefrunde« Perlen geprägt hatte. Der Begriff wird heute für die gesamte Kultur des 17. und 18. Jahrhunderts verwendet, auch wenn ihm die Architektur nicht immer gerecht wird. So bleibt die französische Baukunst viel stärker klassizistischen Tendenzen verhaftet als die italienische; ausufernde, schwingende Formen wird man dort selten finden.

Das Rokoko, die von ca. 1720 bis 1770 andauernde Spätphase des Barock, verbreitete sich dagegen von Frankreich aus besonders nach Deutschland, Österreich und Böhmen. Hier entstanden mit den großen Stifts- und Wallfahrtskirchen, den verschwenderisch ausgestatteten Klöstern und Klosterresidenzen einzigartige Gesamtkunstwerke.

Die Baukunst der »Alten«, das heißt der römischen, vor allem aber der griechischen Antike, lieferte die Vorbilder für die Architektur des Klassizismus. Mit seinem Namen verbindet sich die Vorstellung von Monumentalität, Axialität und strengen, schmucklosen Formen, eben jene »edle Einfalt und stille Größe«, die der deutsche Altertumsforscher Johann Joachim Winckelmann zum Ideal erhoben hatte. Über diese Stilkriterien hinaus galt der Klassizismus als Verkörperung einer vernünftigen – rationalen – Architektur, Spiegel einer nunmehr auf Vernunft begründeten Gesellschaftsordnung.

Oben: **Salamanca,** S. Esteban, Detail aus dem Retabel, José Benito de Churriguera, 1692–94.

Links: **Neresheim,** Klosterkirche, Gewölbe mit Freskendetail von Martin Knoller, 1770–75.

Gegenüber: **Rom,** S. Ivo alla Sapienza, Francesco Borromini, beg. 1643. Die Universitätskirche wurde dem engen Hof Giacomo della Portas nachträglich eingefügt. Ihre Fassade ist als Exedra ausgebildet.

Pablo de la Riestra
Formenkunde Barock / Kirchenbau

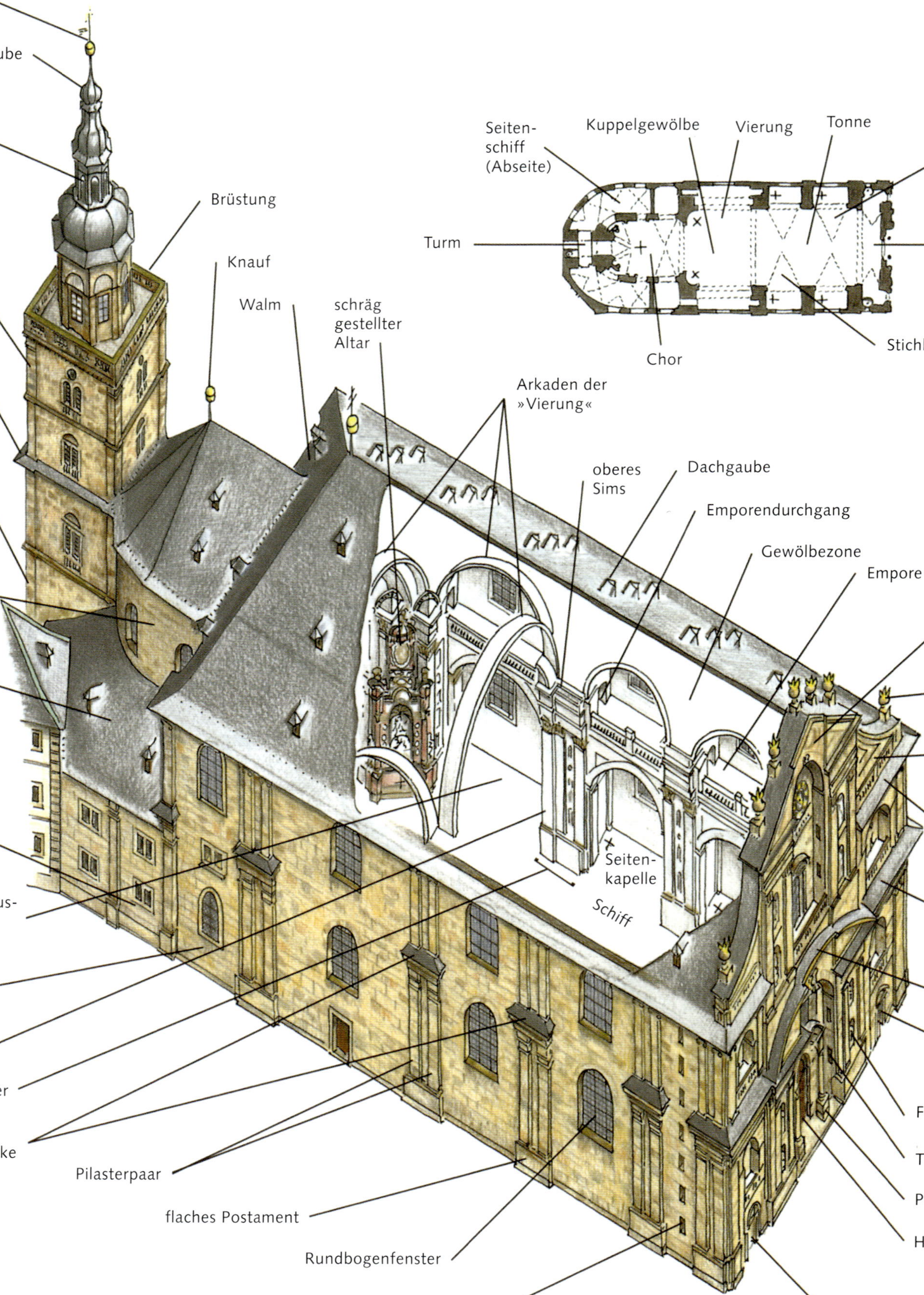

Manierismus – Barock – Rokoko
Axonometrien mit Grundrissen, Innen- und Außenansichten

1

2

3

4

1 Wandpfeilerkirche mit Emporen und schwach ausgeprägtem Querhaus; die Kapellen sind miteinander verbunden (Evora, Jesuitenkirche Espiritu Santu, 1567)

2 Wandpfeilerkirche mit Seitenkapellen und schwach ausgeprägtem Querhaus; die Emporen über den Seitenkapellen sind miteinander verbunden, gestelzt wirkende Tonne (München, Jesuitenkirche St. Michael, 1583–97)

3 ovale Saalkirche mit Altarnische, Kuppelgewölbe und nischenartigem Chor (Madrid, S. Antonio de los alemanes, 1624–33)

4 ovale Hallenkirche mit Turmfront und querovalem Chor (Steinhausen, St. Peter und Paul, Dominikus Zimmermann, 1728–33)

Gianlorenzo Bernini als Architekt

Gianlorenzo Bernini wurde 1598 als Sohn eines Bildhauers in Neapel geboren. Er kam 1605/06 nach Rom und schuf dort, vor allem im Auftrag der Päpste, seine plastisch-architektonischen Meisterwerke. Als er 1680 starb, hatte er die Ewige Stadt nur ein einziges Mal für längere Zeit verlassen, um für Ludwig XIV. Pläne zum Neubau des Louvre zu erarbeiten.

Berninis Werke überschreiten die herkömmlichen Kunstgattungen. Arbeiten wie der Baldachin von St. Peter, die Brunnen der Piazza Navona, seine Grabmäler und Statuen sind illusionistische Räume, die der Kunst neue Perspektiven eröffneten. Seine Karriere als Baumeister im eigentlichen Sinne begann mit dem Pontifikat Urbans VIII., der dem bislang architektonisch unerfahrenen Künstler den Umbau von S. Bibiana anvertraute. 1629 übernahm Bernini die Bauleitung des Petersdoms (vgl. S. 180–83) und schuf ab 1656 den grandiosen Petersplatz.

Links: **Rom,** Il Gesù, 1568–84, Giacomo Barozzi da Vignola (Konzeption und Innenraum) und Giacomo della Porta (Fassade).

Unten: **Rom,** S. Susanna, Fassade, Carlo Maderno, 1597–1603.

Römischer Frühbarock

Zwischen dem 16. und dem 18. Jahrhundert wurde Rom neu »erfunden«: Sixtus V., Paul V. und Urban VIII. ließen die großen städtebaulichen Achsen anlegen und veranlassten den Neu- bzw. Umbau von unzähligen Kirchen und Palästen.

Il Gesù, die Mutterkirche des Jesuitenordens, spielte in der Ausbildung der barocken Architektur eine entscheidende Rolle: Mit der von Giacomo della Porta ab 1568 errichteten Fassade gewannen jene antiklassischen Tendenzen Raum, die sich bereits im Manierismus angekündigt hatten. Auch im Inneren wurden entscheidende Neuerungen eingeführt. Hier war es Giacomo da Vignola, der einen Kirchenraum entwickelte, der den Vorstellungen des Tridentiner Konzils in perfekter Weise entsprach: Der kompakte einschiffige Bau mit tonnengewölbtem Langhaus, Kapellen und kaum ausladenden Kreuzarmen erlaubte es einer großen Zahl von Gläubigen, das Geschehen am Altar unmittelbar zu verfolgen. Il Gesù wurde zum Prototyp des katholischen Kirchenbaus in Europa und in der Neuen Welt.

Der Wirkung der Fassade wurde immer größere Bedeutung beigemessen: Hier fand Carlo Maderno mit der dynamisch gestaffelten Schaufront von S. Susanna eine bahnbrechende Lösung. Gleichzeitig erhielt er den Auftrag, dem als Zentralbau begonnenen Petersdom Langhaus und Fassade voranzustellen, eine Aufgabe, die er trotz schwierigster Vorgaben grandios meisterte.

Rom, S. Andrea al Quirinale

Zwischen 1658 und 1661 arbeitete Gianlorenzo Bernini an S. Andrea al Quirinale. Höhepunkt des über ovalem Grundriss aufgeführten Baus ist der theatralisch inszenierte Altarraum, den eine Ädikulenarchitektur rahmt. In ihrem Giebel scheint der Kirchenpatron gen Himmel aufzusteigen. Die Skulptur korrespondiert mit dem Martyrienbild des Altars und der dramatisch ausgeleuchteten Kuppel. Auch die Fassade des Baus ist großartig inszeniert: Ein Baldachin auf zwei ionischen Säulen schiebt sich weit vor die Tempelfront, konkave Flankenmauern bilden einen imaginären Vorplatz.

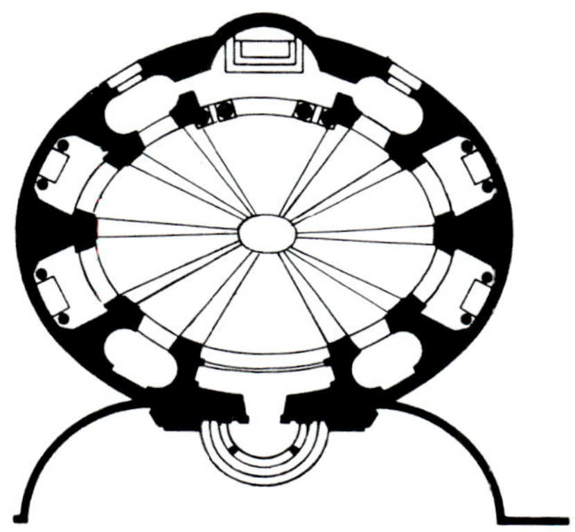

Rom, S. Andrea al Quirinale

Unten links und rechts: **Rom,** S. Andrea al Quirinale, Gianlorenzo Bernini, 1658–61, Fassade des Altarraums, Außenansicht mit halbrundem Portikus.

Borromini in Rom: S. Andrea delle Fratte

Sonderling oder Visionär, Zerstörer der Baukunst oder ihr Retter – das Urteil über Francesco Castelli, genannt Borromini, ist gespalten. Borromini kam 20-jährig nach Rom, wo er als Steinmetz in der Bauhütte von St. Peter arbeitete. In der Tat brach der aus einer Tessiner Steinmetzfamilie stammende, 1599 in Bissone am Luganer See geborene Architekt mit vielen Konventionen, erwies sich aber zugleich als akribischer Planer. Von lebenslangen Auseinandersetzungen mit seinem Konkurrenten Bernini überschattet, endete Borrominis Leben 1667 durch Selbstmord.

Phantasie und Eigenwilligkeit seiner Kunst treten besonders im Glockenturm von S. Andrea delle Fratte (1653–56) zutage: Die Pilaster sind zu Cherubim umgebildet, die Laterne umgeben Voluten mit einer Stachelkrone. Am Kuppeltambour trotzte der Künstler dem spröden Backstein elegante, geschmeidige Formen ab.

Rom, S. Agnese

Ab 1653 leitete Borromini die Arbeiten an der Kirche S. Agnese in Agone. Der in prominenter Lage an der Piazza Navona gelegene Sakralbau ist Teil des Palazzo Pamphili, des Familiensitzes Papst Innozenz' X. Dieser hatte zunächst Girolamo Rainaldi mit dem Entwurf von Kirche und Fassade beauftragt, übergab jedoch schon ein Jahr später die Arbeiten an Borromini. Doch auch um dessen Entwürfe gab es heftige Dispute, und Borromini musste nach vier Jahren seinen Posten räumen. Carlo Rainaldi, der Sohn Girolamos, übernahm die Leitung. Dennoch konnten nach Plänen Borrominis der überkuppelte Innenraum wie die brillant inszenierte Fassade vollendet werden.

Konkav eingeschwungen und mit einer mächtigen Attika geschlossen, wird sie von zwei weit auseinander gerückten Glockentürmen gerahmt. Sie steigen als luftige Baldachine aus der Front empor. Hinter dieser wirkungsvollen Kulisse ragt die von einer hohen Laterne gekrönte Tambourkuppel auf. Dank der raumgreifenden Konzeption tritt S. Agnese in eine spannungsreiche Wechselbeziehung zur Piazza Navona, die in ebendiesen Jahren ihre heutige Gestalt erhielt. Die Komposition von Zweiturmfassade und Kuppel sollte zum Prototyp barocken Kirchenbaus werden.

Oben: **Rom,** S. Andrea delle Fratte, Francesco Borromini, Kuppel und Glockenturm, 1653–56.

Gegenüber: **Rom,** S. Agnese, Francesco Borromini und Carlo Rainaldi, 1652–57, Fassade, vollendet 1666.

Oben: **Rom,** S. Maria in Campitelli, Carlo Rainaldi, 1655–67, Innenraum.

Rom, S. Maria in Campitelli

Neben Bernini und Borromini war es Carlo Rainaldi vergönnt, das Antlitz des barocken Rom zu prägen. Alexander VII. beauftragte ihn u. a. mit Entwurf und Ausführung der Kirche von S. Maria in Campitelli. Nach ersten Ovalprojekten ersann er einen Grundriss aus zwei gestaffelten griechischen Kreuzen. Noch kühner gestaltete er das Innere: Frei stehende Säulen geleiten den Blick in den effektvoll inszenierten Altarraum.

Pietro da Cortona

Pietro da Cortona, geboren 1597 als Pietro Berrettini in dem toskanischen Städtchen gleichen Namens, betrachtete die Architektur als Zeitvertreib. Er vollendete nur wenige Bauten, die jedoch zum Inbegriff barocker Raumgestaltung wurden.

1635 übernahm der herausragende Maler, Zeichner und Bühnendekorateur, der mittlerweile zum *principe,* zum Vorsitzenden der römischen Kunstakademie (Accademia di S. Luca), aufgestiegen war, die Umgestaltung der dortigen Institutskirche. Als während der Arbeiten die Überreste der hl. Martina gefunden wurden, beschloss man einen großartigen Neubau. Cortona entwarf einen Zentralbau über griechischem Kreuz, dessen Inneres ungemein plastisch belebt wird: Die Wand ist in ein Spiel von Säulen und Pfeilern aufgelöst, weiß und grau getönte Reliefs artikulieren die verbleibenden Wand- und Gewölbeflächen. Auch die Fassade spannt sich in bislang unbekanntem konvexem Schwung zwischen die rahmenden Doppelpilaster. Es scheint, als wollte sich das Volumen des Innenraums auf die äußere Hülle übertragen.

Links und unten: **Rom,** SS. Luca e Martina, Pietro da Cortona, 1635–50, Innenansicht und Fassade.

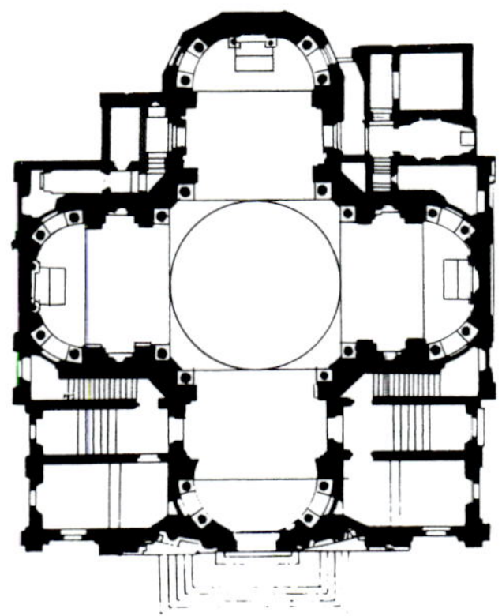

Rom, SS. Luca e Martina

Ein weiterer Meilenstein des römischen Barock ist Cortonas Entwurf für die Front von S. Maria della Pace (1656–57). Ihr Erdgeschoss ist als halbrunder Portikus ausgebildet, dessen Bewegung von zwei konkaven Flügelbauten aufgenommen wird.

Ein letztes Meisterwerk Cortonas bildet die klassisch-elegante Kuppel von S. Carlo al Corso (begonnen 1668), die die Silhouette Roms beherrscht.

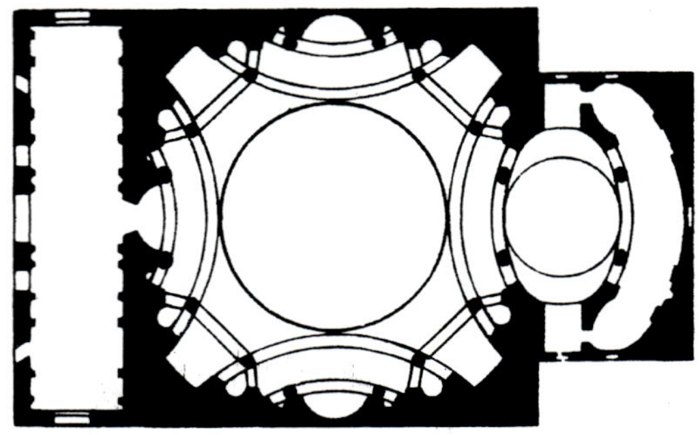

Turin, S. Lorenzo

Links: **Turin,** S. Lorenzo, Guarino Guarini, 1668–87, Blick auf die Kuppel.

Turin und Umgebung

Als eines der wenigen Zentren neben Rom konnte Turin entscheidende Beiträge zur Baukunst des Barockzeitalters liefern. Drei der bedeutendsten Architekten des Spätbarock wirkten in der Piemonteser Residenz und ihrer Umgebung: Guarino Guarini, Filippo Juvarra und Bernardo Vittone.

Der in Modena beheimatete Theatinermönch Guarino Guarini war als Philosoph und Mathematiker bekannt, bevor er sich der Architektur widmete. Seine dynamischen Raumschöpfungen ließen ihn zum Nachfolger Borrominis werden. 1668–87 arbeitete Guarini an S. Lorenzo, einem Zentralbau, der durch frei schwingende Bögen überkuppelt wird. Das Prinzip der sich malerisch überschneidenden Bandrippen übernahm der Künstler möglicherweise aus der maurischen Architektur.

Der begnadete Architekt und Zeichner Filippo Juvarra trat 1714 in den Dienst Vittorio Amedeos II. Eines seiner frühen Werke in Turin sollte zugleich sein bestes werden: die Votivkirche La Superga. Über dem als Mausoleum der Familie Savoyen dienenden Zentralbau erhebt sich eine elegante Kuppel auf auffallend hohem Tambour. Hinter der auf Fernsicht berechneten Schaufront treten die Konventsgebäude deutlich zurück. Mit der Superga hat Juvarra Ideen des römischen Hochbarock aufgegriffen und in ein neues Ambiente versetzt – die Landschaft.

Links: **Turin,** La Superga, Filippo Juvarra, 1717–31, Außenansicht.

Bra, S. Chiara

Bernardo Vittone (1705–70) stand lange im Schatten seiner berühmteren Kollegen Guarini und Juvarra; erst in den letzten Jahrzehnten ist die künstlerische Qualität seines Œuvres ins rechte Licht gerückt worden.

Vittone studierte in Rom, arbeitete aber fast ausschließlich im Piemont, wo er zahlreiche malerisch-bewegte Kirchenräume schuf. Er beschäftigte sich mit theoretischen Fragestellungen und gab Guarinis Schrift »Architettura civile« posthum heraus.

S. Chiara in Bra (1742) ist ein Paradebeispiel seiner exquisiten Kunst: Zentralbau wie fast alle seiner Kirchen, vereint sie Guarinis ausgezirkelte Gewölbestrukturen mit Juvarras großzügigen Rauminszenierungen.

Oben: **Bra,** S. Chiara, Bernardo Vittone, 1742, Innenansicht der Kuppel.

Klassizistische »Tempel« in Italien

Die erneute Auseinandersetzung mit der Baukunst der Antike verhalf dem Klassizismus zum Durchbruch. Anders als im Zeitalter der Renaissance standen den Gelehrten nun jedoch nicht nur die römischen, sondern auch die griechischen Tempel vor Augen. Ein erbitterter Streit um die Überlegenheit der einen über die andere Kunst prägte die Jahre um 1750, während sich gegen Ende des Jahrhunderts eine eklektische Haltung durchsetzte.

Im frühen 19. Jahrhundert erfreute sich der Typus des römischen Pantheons besonderer Beliebtheit. Die Verbindung von Tempelfront und Rotunde entsprach der Suche nach stereometrischen Grundformen und dem Bedürfnis nach rationaler Klarheit. Darüber hinaus ließ sie sich städtebaulich inszenieren – ein eindrucksvolles Beispiel liefert das Foro Murat in Neapel, das 1809 unter Kaiser Napoleon begonnen wurde. Hier dominiert die Pantheon-Kirche das Zentrum eines aus Kolonnaden gebildeten Halbkreises. Auch der Bildhauer Canova »verfiel« diesem Bautyp: In seiner Geburtsstadt Possagno errichtete er ein Monument von lapidarer Schönheit.

Gegenüber und oben: **Possagno,** Tempio Canoviano, Antonio Canova und Giovanni Antonio Selva (?), 1819–33.

Unten: **Neapel,** Foro Murat (später Foro Ferdinandeo), Leopoldo Laperuta, beg. 1809. In der Mitte die Kirche S. Francesco di Paola, Pietro Bianchi, 1836.

Es blieb Jules Hardouin-Mansart überlassen, den reifsten Bau des französischen Barock zu schaffen. Der 1706 geweihte Invalidendom, eigentlich die Verbindung des Langhauses einer Hospitalkirche mit einem Zentralbau, stellt eine großartige Synthese zweier Architekturelemente dar, des quaderförmigen Unterbaus mit Portalfront und der dominierenden, an St. Peter erinnernden Tambourkuppel.

An der Wende zum Klassizismus steht die Schlosskapelle von Versailles, die von Hardouin-Mansart begonnen und von Robert de Cotte vollendet wurde. Die Emporenkirche vereint antike, mittelalterliche und barocke Elemente; im Bezug auf die Ste-Chapelle des hl. Ludwig wird hier das französische Königtum beschworen.

Gegenüber: **Versailles,** Schlosskapelle, François Mansart und Robert de Cotte, 1689–1710, Inneres.

Oben: **Paris,** Église de la Sorbonne, Jacques Lemercier, beg. 1626, Hoffassade.

Barockkirchen im Pariser Raum

Im Gegensatz zum Schlossbau fand die französische Sakralarchitektur nur zögerlich zu innovativen Lösungen. Sie entfaltete sich schließlich mit den monumentalen Kuppelbauten, die das Stadtbild von Paris majestätisch prägen.

Die Universitätskirche Église de la Sorbonne wurde zum Meilenstein in der Entwicklung des französischen Barock. Der von einer Kuppel dominierte Zentralbau erinnert mit seinem Grundriss und der durchgliederten Westfassade an römische Vorbilder. Eine andere Auffassung wird an der Hoffassade deutlich: Malerisch und kulissenhaft wirkt die Staffelung von Tempelfront, Triumphbogen, Walmdach und Tambourkuppel, eine eigenwillige Verbindung von klassischen und barocken Elementen.

Als Votivkirche anlässlich der Geburt des Thronfolgers wurde ein weiterer Kuppelbau errichtet, Val-de-Grâce, begonnen 1645 von François Mansart, fortgeführt von Lemercier, vollendet 1710 durch Pierre Le Muet und Gabriel Le Duc. Auch hier lieferte die römische Architektur die entscheidenden Anregungen, doch gelang Mansart, dessen Pläne Grundriss und Aufriss bis zum Gebälk bestimmten, eine erneute Steigerung ins Monumentale.

Unten: **Paris,** Invalidendom, Libéral Bruant und Jules Hardouin-Mansart, 1677–1706, Außenansicht.

Paris, Panthéon (Ste-Geneviève)

Um die Mitte des 18. Jahrhunderts regten sich zahlreiche Stimmen, die eine Erneuerung des barocken Sakralbaus forderten. Als Ideal galt eine klare und lichte Architektur, die zu den Ursprüngen der Baukunst in der Antike zurückkehrte. Der Neubau der Kloster- und Wallfahrtskirche Ste-Geneviève in Paris brachte, obwohl vielfach modifiziert, die neuen Vorstellungen zum Ausdruck.

Jacques-Germain Soufflot schuf einen monumentalen und dennoch ungemein eleganten Bau, der sich über griechischem Kreuz erhebt. Ihm ist eine korinthische Tempelfront vorgelegt, hinter der die Vierungskuppel dominierend aufsteigt. Ihren Tambour umgibt ein Ring aus schlanken Säulchen, wie ihn auch St. Paul's in London aufweist. Als technische Meisterleistung gilt die Durchlichtung des Inneren: Mithilfe neuartiger Eisenanker und Entlastungsbögen konnte Soufflot riesige Fenster einziehen, die allerdings bei der Umwidmung der Kirche in das »Panthéon des Grands Hommes«, die Begräbnis- und Gedenkstätte der Nationalhelden, zum Teil vermauert wurden. Der ursprüngliche Eindruck von Lichte und Weite ging damit großenteils verloren.

Paris, Église de la Madeleine

1806 beschloss Napoleon, seiner Grande Armée in Paris einen Ruhmestempel zu widmen. Pierre-Alexandre Vignon, der den Wettbewerb um die Errichtung des Bauwerks gewann, nahm den Begriff »Tempel« beim Wort: So erhebt sich im Zentrum von Paris, als Blickfang am Ende der Rue Royale, ein korinthischer Peripteros, d. h. ein an allen Seiten von Säulenstellungen umgebener Tempel. Er wurde mit der Restauration, der Wiederherstellung des Königtums unter Ludwig XVIII., zum Gotteshaus, zur Église de la Madeleine, geweiht, konnte jedoch erst 1842 vollendet werden. Auch im Inneren dominiert die pagane Architektur, der nachträglich ein christliches Ausstattungsprogramm »übergestülpt« wurde: So gleichen die drei aufeinander folgenden Kuppelsäle der Architektur römischer Thermen; farbige Marmorinkrustationen erinnern an das Innere des römischen Pantheons.

Gegenüber und links: **Paris**, Église de la Madeleine, Pierre-Alexandre Vignon, 1807–42.

Oben: **Paris,** Panthéon, ehem. Ste-Geneviève, Jacques-Germain Soufflot, 1757–90, Fassade.

Spanische Barockfassaden

Die spanische Architektur des Barockzeitalters stand lange unter dem Einfluss des Hofes, der die klassische Strenge der Klosterresidenz von El Escorial zum Ideal erhoben hatte. Erst um Mitte des 17. Jahrhunderts traten einige Regionen Spaniens aus dem Schatten der Krone heraus. Ihre Baukunst signalisierte einen völligen Neubeginn der iberischen Barockarchitektur.

Die Kirche des Kartäuserklosters Nuestra Señora de la Defensión in Jerez zeugt von einer Architekturauffassung, die in der dekorativen Auflösung der Wand ihr Ziel sah; von Andalusien ausgehend, sollte sie in den Werken Francisco de Hurtados und der Gebrüder Churriguera im 18. Jahrhundert ihren Höhepunkt erreichen.

Auch das nordwestspanische Galicien fand im Laufe des 17. Jahrhunderts zu einer eigenen, kreativen Architektur. An der Kathedrale von Santiago de Compostela waren seit 1649 ehrgeizige Baumaßnahmen im Gange, die im 18. Jahrhundert in der Errichtung einer neuen Fassade gipfelten. Der Auftrag stellte höchste Anforderungen: Die neue Fassade sollte den romanischen Portico de la Gloria zugleich verdecken und schützen, musste daher möglichst lichtdurchlässig sein; obendrein hatte sie die bereits begonnene barocke Freitreppe zu integrieren. Fernando Casas y Novoa löste die schwierige Aufgabe in bemerkenswerter Weise: Er verbarg das romanische Portal hinter der von zwei Türmen flankierten dreiachsigen Front, die er durch riesige Fenster – eine technische Meisterleistung – öffnete. Die lebhafte vertikale Gliederung durch übereinander gestellte Säulenordnungen, die Staffelung der Türme und Giebel, schließlich die filigranhafte Auflösung der Wand erinnerten die Zeitgenossen an Goldschmiedearbeiten, so dass sie dem Werk den Namen *fachada del obradoiro* verliehen.

Als Beispiel für die Bautätigkeit in der Levante sei die Kathedrale von Murcia angeführt, deren raumgreifende, von vielfältigen Gliederungselementen »zersetzte« Fassade monumental und zierlich zugleich wirkt.

Oben: **Jerez de la Frontera,** Fassade der Kartause Sta. María de la Defensión, 1667.

Links: **Murcia,** Kathedrale, Jaime Bort, 1742–54, Fassade.

Gegenüber: **Santiago de Compostela,** Fassade der Kathedrale, Fernando Casas y Novoa, 1738.

Retabel und Tabernakelbauten

Retabel und Tabernakelbauten erhielten in Spanier monumentale Ausmaße und wurden als prangende Schaustücke begriffen. Der von Narciso Tomé geschaffene »Transparente« der Kathedrale von Toledo, eine Ar gigantischer Kustodie, geriet zum berauschender Gesamtkunstwerk: Ein Durchbruch im Gewölbe läss Licht einfallen und suggeriert den Blick in den offener Himmel, der sich als strahlendurchflutetes Gewoge vor Engeln und Heiligen darstellt.

Das Retabel von S. Esteban in Salamanca gilt al Gründungswerk des so genannten Churriguerismus: Mi dem plakativen Gebrauch der salomonischen (gedrehten Säulen, der raumgreifenden Konzeption und dem überreichen Dekor wurde es Typen bildend.

Die verschwenderisch dekorierten Innenräume zweier Kartäuserklöster stellen die eigenwilligste Leistung des spanischen Spätbarock dar. Ihr Schöpfer ist Francisco de Hurtado Izquierdo, ein aus der Provinz Córdoba stammender Architekt, Bildhauer und Dekorateur. Seine au klassischen Elementen abgeleiteten, jedoch prismatisch gebrochenen und vervielfältigten Dekorationsformen haben die andalusische wie die koloniale Barockarchitektu auf Jahrzehnte beeinflusst.

Gegenüber: **Granada,** Sagrario der Kartause, Francisco de Hurtado Izquierdo, 1702–20.

Oben: **Toledo,** Kathedrale, El Transparente, Narciso Tomé, 1721–32.

Rechts: **Salamanca,** S. Esteban, Retabel, José Benito de Churriguera, 1692–94.

Barocker Sakralbau in Portugal

Die portugiesische Barockarchitektur orientierte sich, wie die Fassade der Nossa Senhora dos Grilos in Porto zeigt, zunächst an manieristischen Vorbildern; durch die flämische Traktatliteratur verbreitet, kursierten diese in ganz Europa. Gegen Ende des 17. Jahrhunderts erfuhr die Kolonialmacht dank der Entdeckung der Gold- und Diamantenminen in Brasilien einen gewaltigen Aufschwung, der sich nicht zuletzt auf die Bautätigkeit auswirkte. So hegte der bigotte König João V. die Vorstellung, am Tejo ein zweites Rom errichten zu können.

In Porto, außerhalb des Hofes, entwickelte sich ab 1725 eine eigene architektonische Schule, als dessen Gründer der Sienese Nicola Nasoni gilt. – Eine besondere Aufgabe der portugiesischen (und brasilianischen) Kunst stellt der »Sacro Monte« dar, ein in Hügellage angelegtes Heiligtum, dessen Zugang eine Treppenanlage mit den Kreuzwegstationen Christi bildet. Sie veranlasst den Besucher, im Aufsteigen die Passion Christi nachzuvollziehen. Im Bom Jesus do Monte bei Braga wird diese Idee mit paganen Sinnesallegorien verflochten.

Gegenüber: **Braga,** Bom Jesus do Monte, 1784–1811, Kreuzweg und Kirchenfassade.

Unten links: **Porto,** Nossa Senhora dos Grilos, Fassade, Baltasar Álvares, 1622.

Unten rechts: **Porto,** Nicola Nasoni, Torre dos Clérigos, 1757–63.

Oben: **Löwen,** St. Michael, Willem Hesius u. a., 1550–66, Fassade.

Rechts oben und unten: **Brüssel,** St. Johann Baptist, Lucas Fayd'herbe, 1657–77, Fassade und Innenraum.

Belgien

In den unter spanischer Vorherrschaft verbleibenden südlichen Niederlanden, dem heutigen Belgien, setzte sich um Mitte des 17. Jahrhunderts ein üppiger Dekorationsstil durch. In der Verwendung von Roll- und Beschlagwerk leben manieristische, in den Gewölben spätgotische Elemente fort.

London, St. Paul's Cathedral

Im September 1666 zerstörte eine Feuersbrunst London und legte 13 000 Häuser, die Kathedrale St. Paul's und 87 Stadtkirchen in Schutt und Asche. König Karl II. beauftragte Christopher Wren und dessen ältere Kollegen Roger Pratt und Hugh May, Pläne für den Wiederaufbau und die Konzeption einer modernen Stadtanlage zu liefern. Letzteres schlug fehl, da sich Wrens Vorstellungen als undurchführbar erwiesen; doch sind der Neubau von St. Paul's und 51 weiterer Kirchen im Wesentlichen sein Werk.

Die Rivalität mit dem Petersdom bestimmte die Entwürfe für den Neubau der anglikanischen Kathedrale: Das so genannte Große Modell von 1673 misst sich mit Michelangelos überkuppeltem Zentralbau, ausgeführt wurde jedoch – nach zahlreichen Planänderungen – ein traditioneller Längsbau, dessen Aushängeschild die gigantische, 111 m hohe Vierungskuppel wurde. Die Hauptfront verbindet den zweistöckigen, in Anlehnung an die Louvre-Fassade mit korinthischen Doppelsäulen gegliederten Portikus mit flankierenden Türmen. Auch im Inneren setzt sich die Kombination verschiedenartiger Elemente fort: Dem zentralen Komplex von Kuppelraum und Querhaus sind etwas willkürlich die längsgerichteten Flügel von Langhaus und Chor angefügt. Akademischer Klassizismus prägt den Raum.

Trotz zahlreicher konzeptioneller Brüche, die auch auf die lange Ausführungszeit (1675–1711) zurückzuführen sind, wurde St. Paul's – und vor allem seine Kuppel – zu einem häufig kopierten Vorbild des anglikanischen Kirchenbaus. Die Berufung auf Grundmuster der römischen Sakralarchitektur überrascht dabei umso mehr, als noch wenige Jahrzehnte zuvor nach neuen, eigenständigen Lösungen gesucht worden und jede Übernahme »katholischer« Elemente verpönt gewesen war.

Rechts oben und unten: **London,** St. Paul's Cathedral, Sir Christopher Wren, 1675–1711, Innenraum und Außenansicht.

London, St. Paul's Cathedral

Stockholm, Grabkapelle der Riddarholmskirche

Skandinavien leistete einen bedeutenden Beitrag zur Baukunst des 17. und 18. Jahrhunderts; von einem eigenen Stil lässt sich allerdings lediglich im Hinblick auf die Materialästhetik – Verbindung von Ziegelmauern und Sandsteindekor, Kupferdächer – sprechen. Vorbild für die skandinavische Architektur, nicht nur für den protestantischen Sakralbau, waren in vielen Fällen die Niederlande, allerdings trat bereits 1639 mit der Berufung des Franzosen Simon de la Vallée (gest. 1642) zum Königlichen Architekten der entscheidende Umbruch zum barocken Klassizismus ein. Sein Sohn Jean de la Vallée, dessen Schüler Nicodemus Tessin d. Ä. und schließlich Nicodemus Tessin d. J. führten die schwedische Barockbaukunst zu internationalem Ansehen.

Das schmucke Karlsmausoleum flankiert die Nordseite der gotischen Riddarholmskyrkan in Stockholm; in der einstigen Franziskanerkirche fanden viele schwedische Könige ihre letzte Ruhestätte. Der mit toskanischen Säulen ausgezeichnete Zentralbau über griechischem Kreuz wurde von Nicodemus Tessin d. Ä. 1675 begonnen, er konnte jedoch erst um Mitte des 18. Jahrhunderts unter der Leitung von Carl Hårleman vollendet werden. Dennoch sind in dem zwischen Barock und Klassizismus changierenden Bau die Eindrücke spürbar, die Tessin auf seinen ausgedehnten Reisen durch Mittel-, West- und Südeuropa empfangen hatte.

Links: **Stockholm,** Riddarholmskirche, Karolinische Grabkapelle, Nicodemus Tessin d. Ä., beg. 1675, vollendet 1761.

Oben und gegenüber: **Breslau,** Dom, Kurfürstenkapelle nach Entwürfen von Johann Bernhard Fischer von Erlach, 1716–24; Blick von Osten auf Elisabeth-, Marien- und Kurfürstenkapelle, 14.–18. Jh.

Breslau, Dom

Der mittelalterliche Dom zu Breslau erhielt im Barockzeitalter zwei kunstvolle Kapellen, die zu Seiten der gotischen Marienkapelle im Osten des Baus errichtet wurden. Die südliche, im Bild gegenüber linke ist der hl. Elisabeth gewidmet und wurde zwischen 1680 und 1700 von Giacomo Scanzi und seinen Mitarbeitern ausgeführt. Die nördliche, im Bild rechte Kapelle entwarf der begnadete Wiener Baumeister Johann Bernhard Fischer von Erlach. Nach seinen Plänen entstand ab 1716 die so genannte Kurfürstenkapelle, die zur Grablege des Bischofs von Breslau und Hochmeisters des Deutschen Ordens, Franz Ludwig zu Pfalz-Neuburg, bestimmt war. Der über einem rechteckigen Grundriss errichtete Raum ist mit einer mächtigen Tambourkuppel bekrönt. Er mündet in eine runde Altarnische, in der eine vergoldete Nachbildung der Bundeslade Aufstellung fand.

Als Schwager Kaiser Leopolds I. stand Franz Ludwig in engem Kontakt zum Habsburger Hof und verpflichtete Wiener Künstler. Neben Österreichern und Italienern konnte ein Holländer, Tylman van Gameren, entscheidende Beiträge zur Barockbaukunst Polens leisten. Da ab 1697 die Wettiner die polnische Krone trugen, wirkten zahlreiche sächsische Baumeister in Warschau, darunter Matthäus Daniel Pöppelmann und Zacharias Longelune.

Oben: **Salzburg,** Dom, Santino Solari, beg. 1614, Blick in die Vierungskuppel Richtung Osten.

Gegenüber: **München,** St. Michael, 1583–97, Innenraum.

München, St. Michael

Die Kirche St. Michael in München ist das Werk eines ungenannten Architekten und gilt als Gründungsbau des deutschen Barock. In ihr verbindet sich die vereinheitlichende Raumstruktur des römischen Gesù mit der heimischen Wandpfeilerkirche. Das mächtige, saalartige Langhaus wird von einer 20 m weiten Halbtonne überspannt, die auf den Querwänden und Quertonnen der flankierenden Kapellen und Emporen lagert. Reichlich einfallendes Licht und weißer Baudekor erheben das Innere zum strahlenden Festsaal.

Salzburg, Dom

Der Neubau des Doms von Salzburg, der 1614 von dem Oberitaliener Santino Solari begonnen wurde, setzte dagegen andere Zeichen: Im Grundriss stellt er eine Verbindung von Kuppelbasilika und Dreikonchenanlage dar, was wohl eine Reminiszenz an den romanischen Vorgängerbau ist. Hier liegt der Schwerpunkt auf der Ausstattung des Innenraums mit üppiger, die Architektur unterstreichender Stukkatur. Diese Art der Raumgestaltung sollte im 18. Jahrhundert zu höchster künstlerischer Reife geführt werden.

Johann Bernhard Fischer von Erlach

In den Arbeiten des Wieners Johann Bernhard Fischer von Erlach vereint sich römisches Pathos mit malerischem Dekor. Fischers frühe Bauten sind deutlich von den Werken Berninis und Borrominis geprägt, die er in Rom studiert hatte: Seine drei Salzburger Kirchen, die Dreifaltigkeitskirche, die Kollegienkirche sowie die Ursulinenkirche, setzen sich aus klar definierten kubischen Körpern zusammen, die dynamisch in den Raum vorstoßen. Wie ihre römischen Vorbilder sind sie Teil städtebaulicher Inszenierung – ihr Auftraggeber, der Erzbischof Johann Ernst Graf Thun, wollte Salzburg zum »Rom des Nordens« erheben. Mit der Karlskirche in

Unten: **Wien,** Karlskirche, Johann Bernhard Fischer von Erlach, 1716–37, Fassade.

Wien errichtete Fischer das emblematische Bauwerk der österreichischen Habsburger. Sein Konzept verband den Votivbau – die Kirche war anlässlich des Pestjahrs 1713 gelobt worden – mit herrschaftlicher Repräsentation. Den Bau dominiert die hohe Tambourkuppel, die das Längsoval des Innenraums überspannt. Malerisch ragt sie hinter einem klassischen Portikus auf, den zwei antikische Triumphsäulen sowie gedrungene Flankentürme rahmen. Die Fassade ist ein grandioses Beispiel vielschichtiger Architekturikonographie: Sie beschwört die politische Dimension des Reichs – seine antiken Wurzeln wie den Anspruch des Kaisers auf Spanien.

Unten: **Wien,** Karlskirche, Johann Bernhard Fischer von Erlach, 1716–37, Blick in die Kuppel.

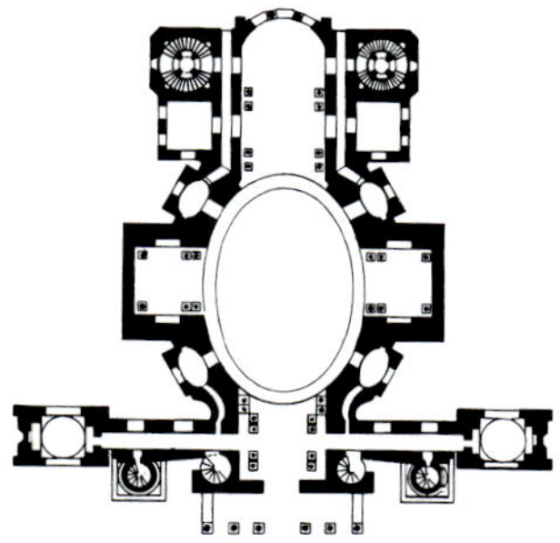

Wien, Karlskirche

Oben rechts: **Salzburg,** Kollegienkirche, Johann Bernhard Fischer von Erlach, 1694–1707.

Rechts: **Salzburg,** Dreifaltigkeitskirche, Johann Bernhard Fischer von Erlach, 1694–1703.

Oben und gegenüber: **Melk,** Benediktinerstift, Jakob Prandtauer und Joseph Munggenast, beg. 1701, Gesamtansicht und Inneres der Kirche.

Melk, Stiftskirche

Die Prälaten der mächtigen Barockabteien standen dem Mäzenatentum weltlicher Fürsten nicht nach. Ein großartiges Beispiel dafür ist das Benediktinerstift Melk an der Donau, wo Abt Berthold Dietmayer mit seinen Architekten und Bildhauern ein betörendes Gesamtkunstwerk entstehen ließ. Jakob Prandtauer schuf ab 1701 die grandiose Anlage mit ihrer malerischen Doppelturmfassade, die majestätisch über einem steilen Felssporn des Donautals aufragt. Ihr ist ein Altan vorgelagert, der – architektonisch inszeniert – den Blick auf die umgebende Landschaft freigibt. Nach Süden erstreckt sich die 240 m lange, auf Fernwirkung bedachte Front des Konvents. Das festlich beschwingte Innere der Stiftskirche wird von den Fresken Johann Michael Rottmayrs überhöht; sie schildern das Leben des Ordensgründers, des hl. Benedikt.

Die Baumeisterfamilie Dientzenhofer

Aus der Familie Dientzenhofer gingen großartige Baumeister hervor. Von italienischen Vorbildern schöpfend, entwickelten sie einen unverkennbaren Stil, der der Barockarchitektur zwischen Bamberg und Prag zu Weltgeltung verhalf.

Georg Dientzenhofer, der Älteste der Sippe, ließ sich um 1682 in Waldsassen nieder und errichtete dort, ohne Entlohnung, die Wallfahrtskirche Kappel. Sie ist ein Musterbeispiel symbolischer Architektur: Der dreipassförmige Grundriss verweist auf das Patrozinium der Heiligen Dreifaltigkeit.

Johann Dientzenhofer führte der Weg nach Bamberg und dort in Kontakt zu dem mächtigen Fürstbischof Lothar Franz von Schönborn. Der Dom zu Fulda, den dieser zwischen 1704 und 1713 errichtete, zählt zu den großen deutschen Kirchenbauten in der Nachfolge des römischen Gesù.

In Banz treten die böhmischen Erfahrungen seiner Familie und damit auch die Einflüsse Guarinis stärker hervor. In der hoch über dem Mainufer aufragenden Klosterkirche spielt der Baumeister virtuos mit der Dynamik des Raumes: Die Joche des Grundrisses sind gegen die Joche der Wölbung versetzt, der Raum scheint in sanften Schwingungen zu verharren. Künstlerisch einer neuen Generation gehört Kilian Ignaz an, der Sohn Christoph Dientzenhofers. Seine späten Kirchenbauten gehören zu den schönsten Werken des böhmischen Rokoko.

Die Vorarlberger Bauschule und die Schweiz

Die so genannte Vorarlberger Bauschule prägte die Sakralarchitektur in Südwestdeutschland. Die Meister dieser Schule bevorzugten Wandpfeilerkirchen mit Kapellennischen und Emporen, deren Struktur mit gleißend hellen Stuckdekorationen wirkungsvoll unterstrichen wird.

Die Stiftskirche von Weingarten, die Caspar Moosbrugger in Zusammenarbeit mit Donato Giuseppe Frisoni 1715–23 errichtete, ist Herzstück einer ausgreifenden Klosteranlage. Sie zeigt die bei den Vorarlbergern beliebte Doppelturmfassade, ergänzt um eine konvex vorschwingende Mitte, wie sie Fischer von Erlach in Salzburg geschaffen hatte. Die edlen Linien des Innenraums zeichnet weißer Wessobrunner Stuck nach, seine Architektur wird durch die illusionistischen Deckenmalereien von Cosmas Damian Asam zum offenen Himmelsraum erweitert.

Die Schweizer Barockarchitektur blieb von der Ästhetik der Vorarlberger nicht unbeeindruckt: Die Kollegiatskirche in Solothurn gab den Anstoß für die erfolgreiche Weiterentwicklung der Vorarlberger Baukunst in der Schweiz. Doch bereits in der Stiftskirche von Einsiedeln wurde die Wandpfeilerkirche in genialer Weise variiert: Caspar Moosbrugger aus Au im Bregenzerwald ersann für ihren Neubau ein komplexes Raumgefüge, das unterschiedliche liturgische Ansprüche in sich vereint: Hinter der ausschwingenden Doppelturmfassade öffnet sich ein Oktogon mit der Gnadenkapelle, ihm folgen der querschiffartige Predigt- sowie der lichtvolle Kuppelraum mit Cosmas Damian Asams monumentaler Geburt Christi. Ein illusionistisches Chorgitter trennt den öffentlichen Bereich vom Mönchschor, einem modifizierten älteren Längsraum.

Unten links: **Kappel bei Waldsassen,** Wallfahrtskirche, Georg Dientzenhofer, 1685–89.

Unten rechts: **Banz,** Klosterkirche der Benediktinerabtei, Johann Dientzenhofer, 1710–19, Innenansicht.

Oben und rechts: **Weingarten** bei Ravensburg, Caspar Moosbrugger, 1715–23, Außenansicht und Kircheninneres.

Links: **Solothurn,** Jesuitenkirche, Heinrich Mayer, 1680–89, Blick in den Innenraum.

Oben: **Einsiedeln,** Benediktinerabtei, Hans Georg Kuen, Caspar Moosbrugger u. a., Neuplanung ab 1691, beg. 1719, Blick in den Innenraum.

Steinhausen, St. Peter und Paul

Die Kirchenbauten des schwäbisch-bayerischen Raums zählen zu den Höhepunkten des deutschen Rokoko. Das lichte Innere, die subtile Farbgestaltung, das perfekte Zusammenspiel von Architektur und Dekor betören die Sinne des Betrachters.

Feierliches Weiß bestimmt die Wallfahrtskirche von Steinhausen, die ab 1727 an Stelle eines älteren Baus errichtet wurde. Dominikus Zimmermann verlieh ihr die Form einer Längsellipse, der effektvoll zehn Freipfeiler eingestellt sind. Sie tragen das weite Muldengewölbe mit den illusionistischen Fresken Johann Baptist Zimmermanns, des kongenialen Bruders des Baumeisters. Dem Eintretenden eröffnet sich der Blick in eine paradiesische Landschaft, die sich über dem Pfeilerkranz entfaltet. Hier verfolgt eine Schar von Heiligen und allegorischen Figuren die Himmelfahrt Mariens im Zentrum des Gewölbes. Dabei verschwimmen die Grenzen von gebautem und gemaltem Raum, Architektur und »Natur« scheinen ineinander überzugehen. Unterstrichen wird das Spiel mit der Wahrnehmung noch durch zierliches Blumenwerk und allerlei Stuck-Getier, das überraschend an Wänden, Rahmen und Gesimsen sichtbar wird.

Gegenüber: **Steinhausen,** St. Peter und Paul, Dominikus Zimmermann, beg. 1727; Deckenfresko Johann Baptist Zimmermann, 1733.

Rechts und unten: **Birnau,** Unsere Liebe Frau, Peter Thumb (Architektur), Johann Anton Feuchtmayer (Stuck), Gottfried Bernhard Göz (Fresken), 1745–51.

Birnau, Unsere Liebe Frau

Die Summe oberschwäbischer Bau- und Dekorationskunst wurde in Birnau am Bodensee gezogen: Mit dem seit 1745 geplanten Neubau der Wallfahrtskirche Unsere Liebe Frau gelang Peter Thumb zusammen mit dem Bildhauer und Stukkateur Joseph Anton Feuchtmayer ein verschwenderisch prangendes Gesamtkunstwerk.

Im Inneren erscheint die Wand als kaum mehr wahrnehmbare Hülle, in der sich das lebhafte Spiel der Pilaster, Galerien, Gurtbögen und Wölbungen vollzieht. Auch hier geht der irdische Raum fast unmerklich in den Himmelsraum über, die Scheinarchitektur setzt die reale nahtlos fort. Die delikate bräunliche Farbgebung trägt ebenso wie die feingliederige Stuckplastik zum edlen Erscheinungsbild des Raumes bei.

Wieskirche

Auf dem Hof der Wiesbäuerin ereignete sich im Jahre 1738 ein bewegendes Wunder: Die schlichte Holzfigur eines gegeißelten Christus brach in Tränen aus. Schon bald setzte ein reger Pilgerstrom ein, der das benachbarte Kloster Steingaden zum Bau einer Wallfahrtskirche veranlasste. Ihre Konzeption wurde 1746 Dominikus Zimmermann anvertraut. Über annähernd elliptischem Grundriss aufgeführt, offenbart sie wie keine Zweite die Sinnlichkeit des Rokoko: Architektur, Stuck, Skulptur und Malerei vereinen sich zu einem schwerelosen, überirdisch anmutenden Ensemble.

Rohr, Chorherrenstiftskirche

In den von den Gebrüdern Asam geschaffenen Innenräumen verschmelzen Realität und Illusion – sie schufen Werke, die zum Inbegriff des barocken »Gesamtkunstwerks« werden sollten.

Der Hochaltar der Chorherrenstiftskirche von Rohr präsentiert sich als »theatrum sacrum«, das sich vor den Augen der Gläubigen abspielt. Wie Kulissen rahmen die dunklen Marmorsäulen die in gleißendes Tageslicht getauchte Szene.

Links und unten: **Wies** bei Steingaden, Wallfahrtskirche, Dominikus Zimmermann, 1745–54.

Gegenüber: **Rohr,** Chorherrenstiftskirche, Himmelfahrt Mariens, Egid Quirin Asam, 1723.

Gegenüber und unten: **Vierzehnheiligen,** Wallfahrtskirche, Balthasar Neumann, 1743–72, Fassade und Innenraum mit Nothelferalter.

Oben: **Neresheim,** Kirche der Benediktinerabtei, Balthasar Neumann, beg. 1745, Blick in den Innenraum.

Die Kirchenbauten Balthasar Neumanns

Die Kirchenbauten des überaus schöpferischen Ingenieur-Architekten Balthasar Neumann sind ein Fest der Sinne und ein Triumph der Baukunst zugleich.

Die Wallfahrtskirche Vierzehnheiligen stellt im Grunde eine geniale Notlösung dar: Neumann musste die katastrophalen Fehlleistungen seines Bauleiters Gottfried Heinrich Krohne korrigieren. Bereits bestehenden Grundmauern stülpte er einen virtuosen Grundriss aus Kreisen und Ellipsen über. Deren mittlere, mit Pfeilerstellungen akzentuierte, rahmt die Gnadenstätte mit dem szenographischen Altar der Vierzehn Nothelfer. Aus ihrer ungewöhnlichen Lage vor der Vierung zog Neumann grandioses künstlerisches Potential.

Ist Vierzehnheiligen ein Rausch der Sinne, so ist die Kirche der Benediktinerabtei von Neresheim ein Fest des Intellekts: Die in kühlem Weiß erstrahlende Abteikirche mit ihren schlanken, frei stehenden Doppelsäulen ist ein konstruktives wie ästhetisches Meisterwerk. Der Bau blieb nach Neumanns Tod zunächst ungedeckt, da die Mönche keinem anderen die Wölbung in Stein anvertrauen mochten. Schließlich entschied man sich für ein Holzgewölbe.

Dresden, Frauenkirche

Die Silhouette der Frauenkirche beherrscht mit ihrer glockenförmigen Kuppel das Stadtbild Dresdens. Der barocke Zentralbau mit Emporen und »Betstübchen« diente der protestantischen Gemeinde als Stadtpfarre; er wurde 1726 nach Plänen des Ratszimmermeister George Bähr begonnen und 1734, noch unvollendet, erstmals geweiht. Am 15. Februar 1945 fiel der Bau nach Luftangriffen und Bränden in Schutt und Asche. Sein Wiederaufbau wurde 1990 beschlossen und konnte am 30. Oktober 2005 mit der erneuten Weihe feierlich abgeschlossen werden. Die weitgehend originalgetreue Rekonstruktion wurde mit öffentlichen Mitteln und internationalen Spenden ermöglicht.

Hamburg, St. Michael

Neben der Frauenkirche gilt die Hamburger Michaeliskirche als bedeutendster protestantischer Sakralbau des deutschen Barock. Auch er wurde nach Bränden mehrfach rekonstruiert bzw. verändert, zuletzt 1907–12. Die barocke Anlage errichteten Johann Leonhard Prey und Georg Sonnin zwischen 1751 und 1762. Sie basiert auf einem annähernd kreuzförmigem Grundriss, dem vier mächtige Pfeiler eingestellt sind. Sie umschließen den Kernraum der Predigtkirche. Elegant geschwungene Emporen umziehen dies sog. Karree und öffnen sich auf den flachen Altarraum. Westlich der Kirche ragt der Turm des »Michel« auf, der mit seiner tempelartigen Bekrönung zum Wahrzeichen Hamburgs wurde.

Oben und gegenüber: **Dresden,** Frauenkirche, George Bähr, beg. 1726, Wiederaufbau nach Kriegszerstörung 1990–2005, Blick in den Innenraum und Außenansicht.

Rechts: **Hamburg,** St. Michael, Johann Leonhard Prey und Georg Sonnin, 1751–62, Blick in den Innenraum.

St. Blasien, Benediktinerkloster

Unweit der verschwenderisch prangenden Rokokokirchen Oberschwabens entstand zwischen 1768 und 1783 der gravitätische »Dom« zu St. Blasien. Der Neubau, bereits der vierte der um die Jahrtausendwende gegründeten Benediktinerabtei, gilt mit seinen der Antike entlehnten Formen und seiner feierlichen Monumentalität als Schlüsselwerk des Klassizismus im Südwesten Deutschlands.

Die bestehende Kirche ist Werk französischer Architekten: Der Entwurf stammte von Pierre-Michel d'Ixnard, die Ausführung übernahm Nicolas de Pigage. Ihr Äußeres wird von einer Kuppel über hohem Tambour beherrscht, gedrungene Ecktürme und eine durch sechs toskanische Säulen geöffnete Vorhalle lassen den Bau kraftvoll und erhaben zugleich erscheinen. Der Bezug auf das römische Pantheon ist unverkennbar. Dies gilt auch für den Innenraum: Unter der Kuppel erstreckt sich, gesäumt von einem Kreuz von Monumentalsäulen, die Rotunde des Laienraums.

Rechts: **Darmstadt,** Ludwigskirche, Georg Moller, 1820–27, Außenansicht.

Gegenüber: **St. Blasien,** ehem. Benediktinerabteikirche, Pierre-Michel d'Ixnard und Nicolas de Pigage, 1768–83, Kuppelraum und Fassade.

Unten: **Leipzig,** Nikolaikirche, Umgestaltung des Innenraums durch Johann Carl Friedrich Dauthe, 1783–97.

Darmstadt, Ludwigskirche

Auch die katholische Ludwigskirche in Darmstadt greift, wie viele Sakralbauten ihrer Zeit, das Vorbild des römischen Pantheons auf. Hier ist dessen Modell jedoch auf schmucklose, stereometrische Grundformen reduziert. Indes fand ihr Architekt, Georg Moller, eine großartige Lösung für das Innere des Kuppelraums: Er ließ die halbkugelförmige Kalotte auf einem frei stehenden Kranz korinthischer Säulen lagern und erzielte so eine sehr würdevolle Wirkung. Moller war Schüler von Friedrich Weinbrenner, der der Residenz Karlsruhe ein modernes, dem Zeitalter der Aufklärung entsprechendes Antlitz verlieh.

Leipzig, Nikolaikirche

Die Leipziger Nikolaikirche, Kristallisationspunkt des Widerstands gegen das DDR-Regime, besitzt auch aus kunsthistorischer Sicht hervorragende Bedeutung. Der im Kern spätgotische Bau wurde vielfach umgestaltet, am tiefgreifendsten ab 1783 durch Johann Friedrich Dauthe. Der Leipziger »Baudirector« gab dem Inneren der dreischiffigen Hallenkirche das Aussehen eines »Palmenhains«: Die klassizisierenden Säulen tragen in Stuck gearbeitete Palmenfächer, deren Strukturen sich unmittelbar in den Netzgewölben fortsetzen. Die außergewöhnliche Gestaltung dürfte auf Ideen des französischen Architekturtheoretikers Marc-Antoine Laugier zurückgehen.

HISTORISMUS UND MODERNE

Das Zeitalter der Aufklärung brach mit dem Glauben an eine gottgegebene Weltordnung. Die Folgen dieser Umwälzung trafen in besonderem Maße die Kirche, die ihre Vorrangstellung angesichts einer zunehmend »diesseitigen« Gesellschaft zu verlieren drohte. So spiegelt die Geschichte des Sakralbaus im 19. und 20. Jahrhundert das Schwanken zwischen Religiosität und Rationalität wider.

Es waren die Romantiker, die erneut den Blick auf das Mittelalter, vor allem auf die Baukunst der Gotik lenkten; sie galt ihnen als deutscher »Gegenentwurf« zur heidnischen Antike. Bereits 1773 hatte Goethe seiner Bewunderung für das Straßburger Münster Ausdruck verliehen; 1814 forderte Joseph Görres die Fertigstellung des seit 1560 nicht wesentlich weitergeführten Kölner Doms. Neben Klassik und Gotik rückten schließlich andere historische Epochen ins Blickfeld: Die Rückbesinnung auf die Romanik, das frühe Christentum oder Byzanz entsprang einerseits der Sehnsucht nach den Ursprüngen des Christentums und basierte andererseits, so im Rheinland, auf der Erforschung des eigenen Erbes. Der Neubau des protestantischen Berliner Doms gab sich dagegen pathetisch neobarock, er gedachte mit St. Peter in Rom und St. Paul's in London zu rivalisieren.

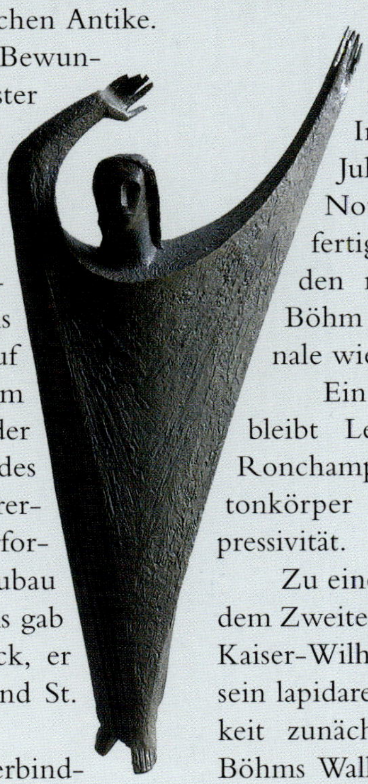

Das Dilemma der immer unverbindlicher werdenden Stilsprachen rief gegen Ende des 19. Jahrhunderts junge Künstler auf den Plan, die gegen die akademische »Stilarchitektur« zu Felde zogen. Eines der Zentren dieser Bewegung war Wien, wo die »Secession« gegen die zu hohlem Pathos erstarrten Formen des Historismus antrat.

Zu den Protagonisten dieser Bewegung gehörte Otto Wagner. Obwohl im Historismus wurzelnd, galt sein Augenmerk einer klaren, zweckbestimmten und technisch fortschrittlichen Architektur. In Barcelona ersann Antoni Gaudí über gotischem Grundriss die vollkommen eigenwillige, technisch innovative Sagrada Família. Bald schon setzten sich jedoch rationalistische Tendenzen durch. Der nüchterne Zweckbau trat in der Vordergrund, neue Bauaufgaben wie Fabriken, Werkstätten und Warenhäuser drängten die Sakralarchitektur in den Hintergrund. Erst das mystische Erleben der Expressionisten, Nachhall der Schrecken des Ersten Weltkriegs, rückte den Kirchen- oder, besser gesagt, den Kultbau erneut ins Licht. Visionäre Werke entstanden, auffallend oft in Anlehnung an gotische Strukturen. Parallel dazu entdeckte man die Möglichkeiten, die neue Baustoffe und Bautechniken, etwa der Stahlbeton, boten: In Frankreich wurde im Jahr 1901 Jules Astrucs revolutionärer Bau der Notre-Dame-du Travail in Paris, 14 e, fertig gestellt, in Deutschland entstanden mit den Werken von Dominikus Böhm und Rudolf Schwarz ebenso rationale wie sinnliche Räume.

Ein Solitär im Kirchenbau ist und bleibt Le Corbusiers Wallfahrtskirche in Ronchamp, eine begehbare Skulptur, ein Betonkörper von höchster Dynamik und Expressivität.

Zu einem Symbol des Wiederaufbaus nach dem Zweiten Weltkrieg wurde das Oktogon der Kaiser-Wilhelm-Gedächtniskirche in Berlin; sein lapidares Äußeres schockte die Öffentlichkeit zunächst. Dagegen beschwor Gottfried Böhms Wallfahrtskirche in Neviges bei Wuppertal erneut die Tradition organisch-kristallinen Bauens.

In den 70er und 80er Jahre des 20. Jahrhunderts ging der Trend zu multifunktionalen Kulträumen, die auf gattungsspezifische Eigenheiten und Sinn stiftenden Dekor weitgehend verzichteten. Erst gegen Ende des Jahrtausends bahnte sich die Wende zu einer »Resakralisierung« des Sakralbaus an. So errichtete 1998 das Architektenteam Allmann Sattler Wappner in München mit der Herz-Jesu-Kirche einen avantgardistischen Bau, der zugleich mystische Werte offenbart.

Oben: **Berlin,** Kirche am Hohenzollernplatz, Fritz Höger, 1930–33, Außenansicht Portalseite.

Links: **Hasloch am Main,** St. Josef, Holzskulptur des »Wiederkehrenden Christus« von Julius Brausenwein, 1958.

Gegenüber: **Paris, 14 e,** Notre-Dame-du-Travail, Jules Astruc, 1899–1901, Innenraum.

Oben: **Paris,** Ste-Clotilde, Franz Gau und Théodore Ballu, Entwurf 1833, Bau 1845–66, Innenansicht.

Oben: **Köln,** Dom, beg. 1248, Vollendung durch Ernst Friedrich Zwirner und Richard Voigtel 1842–80, Blick auf die südliche Querhausffassade.

Paris, Ste-Clotilde

Mit Ste-Clotilde erhielt Paris den ersten kompletten Neubau einer »gotischen« Kirche im 19. Jahrhundert. Das Werk wurde von der École des Beaux-Arts, die nach wie vor klassizistischen Vorstellungen anhing und den offiziellen »Geschmack« in allen Künsten diktierte, heftig kritisiert. Ausgeführt von Théodore Ballu, liegen ihr Entwürfe des Kölner Architekten Franz Christian Gau zugrunde. Mit der Doppelturmfassade und dem dreigeschossigen Aufriss greift Ste-Clotilde die französische Kathedralarchitektur des 13. Jahrhunderts wieder auf, ohne jedoch archäologische Treue zu beweisen – ein Umstand, der in Fachkreisen zunächst auf Ablehnung stieß. Erst dank der Interventionen von Eugène Viollet-le-Duc sollte die gotische Architektur freier, konstruktiver, interpretiert werden.

Köln, Dom

Der Fund der Originalpläne für die Turmfront des Kölner Doms 1814 lieferte den deutschen Romantikern willkommene Argumente in ihrem Streben nach nationaler und religiöser Erneuerung. Noch im selben Jahr forderte der Journalist und Gelehrte Joseph Görres die Vollendung des seit 1560 brachliegenden Kirchentorsos, der zum »Symbol des neuen Reiches« werden sollte.

Die Arbeiten begannen jedoch erst 1842 unter der Leitung des Dombaumeisters Ernst Friedrich Zwirner, dessen Amt 1861 Richard Voigtel übernahm. 1861 konnte das Querhaus, 1863 der Innenraum vollendet werden, 1880 erfolgte, nach der Fertigstellung der Türme, die feierliche Schlussweihe. Die Vorgaben des gotischen Entwurfs, des so genannten »Riss F«, wurden beim Weiterbau soweit als möglich respektiert.

Oben: **Remagen,** Apollinariskirche, Ernst Friedrich Zwirner, 1839–43, Außenansicht.

Oben: **München,** Mariahilfkirche in der Au, Joseph Daniel Ohlmüller, 1831–39, Außenansicht nach Rekonstruktion 1953: Auf schmückenden Baudekor wurde verzichtet.

Remagen, Apollinariskirche

Drei Jahre bevor er den Weiterbau des Kölner Doms in Angriff nahm, legte Ernst Friedrich Zwirner in Remagen den Grundstein zur Apollinariskirche, einem weiteren Hauptwerk der rheinischen Neogotik.

Anders als bei der Vollendung des mittelalterlichen Monuments konnte Zwirner in Remagen weit zwangloser mit gotischem Formgut umgehen: So erhebt sich die Apollinariskirche über griechischem Kreuz und erhielt neben dem traditionellen westlichen Turmpaar zwei weitere schlanke Türme, die den kleinen polygonalen Chor im Osten flankieren. Die Annäherung an den Zentralbau wie auch die freizügige Handhabung gotischen Zierrats stehen der Auffassung Karl Friedrich Schinkels nahe und verraten eine eher idealistische Sicht auf das Mittelalter.

München, Mariahilfkirche

Im Laufe des 19. Jahrhunderts vervielfachte sich das Wissen um Gestalt und Konstruktion mittelalterlicher Bauwerke. Mit Ludwig I. saß ein König auf dem bayerischen Thron, dem eine archäologisch getreue Nachschöpfung historischer Architektur am Herzen lag.

Dies gelang Joseph Daniel Ohlmüller mit der Mariahilfkirche in der Münchner Au. Die dreischiffige Halle mit polygonalem Chorschluss und Westturm nimmt recht korrekt spätgotische Vorbilder wieder auf, die durchbrochene Pyramide zitiert den Helm des Freiburger Münsters. Der aufschlussreiche Backsteinbau wurde 1944 weitgehend zerstört und 1953 vereinfachend wieder aufgebaut; seine einzigartigen Glasfenster sind jedoch unwiederbringlich verloren.

München, Ludwigskirche

Neben Antike und Gotik rückten schließlich auch andere Stilepochen ins Blickfeld des Baugeschehens. Leo von Klenze und Friedrich von Gärtner, die bedeutendsten Architekten am Hofe Ludwigs I. in München, schufen auf Geheiß des bayerischen Königs zwischen 1829 und 1850 ein ganzes Ensemble historistischer Monumente, das italienische Vorbilder zwischen Romanik und Renaissance aufgriff. So errichteten sie im Bereich der heutigen Ludwigstraße neben Universität, Bibliothek, Feldherrenhalle und Siegestor auch die Ludwigskirche mit ihrer Doppelturmfassade und den flankierenden Arkadenstellungen.

Den Chor der Kirche schmückt ein Fresko von Peter Cornelius mit der Darstellung des Jüngsten Gerichts. Es ist das größte Wandbild des 19. Jahrhunderts.

Oben und rechts: **München**, Ludwigskirche, Friedrich von Gärtner, 1829–44, Innenraum und Fassade zur Leopoldstraße hin.

Berlin, Dom

Kaiser Wilhelm II. veranlasste den Neubau des Berliner Doms, dessen Projekt bereits von seinem Vater, Kaiser Friedrich III., in Zusammenarbeit mit dem Architekten Julius Karl Raschdorff festgeschrieben worden war. Der Bau, der 1905 vollendet werden konnte, sollte die Hauptkirche des preußischen, wenn nicht des deutschen Protestantismus werden.

Das ehrgeizige neobarocke Werk wollte mit der Peterskirche in Rom und dem anglikanischen St. Paul's in London rivalisieren und obendrein dem Kölner Dom, Inbegriff des deutschen Katholizismus, die Stirn bieten. Der ob dieser ideologischen Überfrachtung pathetisch geratene Kuppelbau dient als Gemeinde- und Predigtkirche, zugleich aber auch als Grablege der Hohenzollern.

Gegenüber: **Berlin,** Dom, Julius Karl Raschdorff, 1894–1905, teilweiser Wiederaufbau nach Kriegszerstörungen 1975–93.

Wien, Kirche am Steinhof

Die Generation der gegen Ende des 19. Jahrhunderts wirkenden Künstler suchte einen Ausweg aus dem Stilwirrwarr des Historismus. In Wien war es Otto Wagner, der eine neue, zweckbestimmte und technisch innovative Architektur forderte. Eines seiner wegweisenden Werke ist – vielleicht nicht zufällig – ein Sakralbau: St. Leopold, die Kirche am Steinhof, die er 1902 entwarf und zwischen 1905 und 1907 ausführte. Als Gotteshaus des Wiener Zentralsanatoriums für Geisteskrankheiten hatte sie besonderen seelsorgerischen und therapeutischen Anforderungen zu genügen.

Wagner schuf einen byzantinisierenden Kreuzkuppelbau, der die Terrassenanlage der Anstalt sinnfällig bekrönt. Der Bau ist über einem Metallskelett errichtet, dem die Blöcke der Marmorfassade vorgeblendet sind. Der großzügige Innenraum erstrahlt in makellosem Weiß, zarte Goldlinien deuten eine Kassettendecke an. Die Ausgestaltung erfolgte in kongenialer Zusammenarbeit mit Koloman Moser, der die Glasfenster entwarf, mit Remigius Geyler (Mosaikdekoration) sowie mit Carl Ederer und Othmar Schimkowitz, die den Hochaltar und die Skulpturen schufen. Kostbare Materialien und eine schlichte, ikonenhafte Bildsprache rühren unmittelbar die Sinne.

Nach außen diente die Steinhofkirche als weithin sichtbare sakrale Stadtkrone, Symbol des wieder erstarkten Katholizismus im Wien des frühen 20. Jahrhunderts.

Unten: **Wien,** Kirche am Steinhof, Otto Wagner, 1902–07, Innenansicht.

Barcelona, La Sagrada Família

Traum eines Exzentrikers oder »die letzte gotische Kathedrale«, gilt die Sagrada Família vielen als Kuriosum, zumal Gaudí, als er 1926 vereinsamt starb, seine Vorstellungen mit ins Grab nahm. Nur die Ostfassade war zu diesem Zeitpunkt weitgehend fertig gestellt, zur West- und Südfassade lagen lediglich Entwürfe vor. Bis in die 1950er Jahre ruhten die Arbeiten, erst danach führte man Gaudís geniales Werk weiter, ausschließlich durch Spenden finanziert.

Der »Sühnetempel gegen die Exzesse seiner Zeit« wollte mit dem Kölner Dom und der Kathedrale von Reims wetteifern: Gemeinsamkeiten im Grundriss – fünf Schiffe im Lang- und drei im Querhaus – und in der Höhe, die der des Kölner Doms entspricht, sind offensichtlich. Der Vierungsturm mit seinen 18 (!) Trabanten sollte jedoch alles Bisherige übertreffen. Auch der Aufriss brach mit allen Konventionen: Gaudí erfand ein neues, der Natur entlehntes Stützsystem, das den Bau von Strebepfeilern überflüssig machte. Der Schub der Gewölbe wird dabei mittels schräger Stützen direkt auf die Fundamente übertragen.

Die Sagrada Família ist ein steinernes Dogma des christlichen Glaubens: Drei monumentale Fassaden sind dem Leben Christi gewidmet, seiner Geburt, seiner Passion und seiner Verherrlichung. Die schlanken, parabelförmigen Türme sind in das gedankliche System integriert: Der höchste in der Mitte symbolisiert den Erlöser, der Turm über der Apsis Maria, vier weitere die Evangelisten. Über den Fassaden erheben sich noch einmal je drei Spitzen, Sinnbild der zwölf Apostel.

Links und oben: **Barcelona,** La Sagrada Família, Grundsteinlegung 1882, veränderter Entwurf von Antoni Gaudí 1906, noch im Bau.

Oben: **Kopenhagen,** Grundtvigskirche, Peder Vilhelm Jensen-Klint und Kaare Klint, 1913 / 1921–40, Außenansicht.

Kopenhagen, Grundtvigskirche

Der expressionistische Backsteinbau der Grundtvigskirche in Kopenhagen stellt eine geniale Paraphrase gotischer Sakralarchitektur dar. Ihrem Erbauer, dem Ingenieur und Architekten Peder Vilhelm Jensen-Klint, standen dänische Dorfkirchen vor Augen, deren »schlichte und ehrliche Gestalt« er in eine zeitgemäße Formensprache übersetzen wollte. So erhielt der Bau die basilikale Struktur mittelalterlicher Pfarrkirchen, ihm voran steht ein mächtiges »Westwerk«.

Die Vertikalität gotischer Architektur wird bestimmendes ästhetisches Moment: Sie dominiert die Großformen der Fassaden und Giebel und setzt sich im Dekor der »wie Orgelpfeifen« aufragenden Backstein-Lisenen fort. Jensen-Klint lieferte bereits 1913 den Entwurf der Kirche und gewann mit ihm den Wettbewerb um die Ausführung des Baus. Allerdings konnte der Grundstein erst 1921, nach Ende des Ersten Weltkriegs, gelegt werden. Nach dem Tod des Künstlers 1930 übernahm dessen Sohn Kaare Klint die Bauleitung. Obwohl die Kirche seit 1927 genutzt wurde, konnte sie erst 1940 vollendet werden.

Die Grundtvigskirche trägt den Namen des dänischen Gelehrten, Dichters und Reformtheologen Nikolai Frederik Severin Grundtvig.

Berlin, Kirche am Hohenzollernplatz

Die mystische Anschauung der Expressionisten, Nachhall der Schrecken des Ersten Weltkriegs, gab dem Kirchen- oder besser Kultbau neue Impulse. Architekten und Graphiker brachten visionäre Gebilde zu Papier, deren Realisierung jedoch meist unterblieb. So z. B. Otto Bartnings berühmte Sternkirche, die er 1922 als symbolträchtiges Abbild des Kosmos konzipierte. Dennoch waren diese Entwürfe keine Utopien: Sie sind der Versuch, einen neuen, zeitgemäßen Gemeinderaum zu schaffen, der nicht nur leeres kirchliches Gehäuse wäre, sondern ein »heilsam sakraler Ort«, in dem sich die »religiöse Idee« mitteile.

Zu den ausgeführten Entwürfen expressionistischer Sakralarchitektur zählt Fritz Högers Kirche am Hohenzollernplatz in Berlin. Wie alle seine Werke vermittelt der zwischen 1930 und 1933 entstandene Bau Sinnlichkeit und Sachlichkeit zugleich. Er ist über einem Betonskelett errichtet, das in höchst dekorativer Weise von einer Haut aus Klinkern überzogen wird. Die von wuchtigen Treppentürmen flankierte Fassade ist durch vergoldete Fugen effektvoll ornamentiert. Dem pathetisch-lapidaren Äußeren steht ein die Sinne erhebender Innenraum gegenüber: 13 spitzbogige Stahlbetonbinder überfangen wie gotische Spitzbögen das Kirchenschiff, farbiges Licht, das aus ihren Intervallen hervorzuquellen scheint, verleiht dem Raum eine überirdische Atmosphäre.

Gegenüber: **Berlin,** Kirche am Hohenzollernplatz, Fritz Höger, 1930–33, Blick in den Innenraum.

Köln, St. Engelbert

Der Architekt Dominikus Böhm verstand das Licht als »Baumaterial, das uns direkt von unserem Herrgott geschenkt wird«. Die Kölner Kirche St. Engelbert, die er zwischen 1930 und 1932 errichtete, führt seine dramatische Beleuchtungsregie vor Augen: Der Altarraum ist in gleißendes Tageslicht getaucht, das seitlich einfällt und starke Verschattungen bildet. Der kreisrunde Gemeinderaum verbleibt dagegen in sanftem Dunkel. Im Scheitel der Kuppel verborgene Lampen erhellen das Betongewölbe; das Licht tritt effektvoll hinter den sternförmigen Rippen hervor und suggeriert himmlischen Strahlenglanz.

Dominikus Böhm gilt in zweifacher Hinsicht als Erneuerer des katholischen Sakralbaus: Getreu dem Motto »ein Gott, eine Gemeinde, ein Raum« schuf er wegweisende, meist zentralisierte Kirchenräume, in denen der Altar eine oft mystisch inszenierte Stellung einnimmt. Gleichzeitig nutzte Böhm virtuos die Möglichkeiten, die neue Baustoffe und -techniken, etwa der Stahlbeton, boten. In St. Engelbert variierte er das Thema der Parabel, die ihm als »Überwindung der Schwere« und als Raum gewordene Auferstehung erschien. Parabolische Formen beherrschen sowohl die äußeren »Schildwände« des Rundbaus wie auch den Querschnitt des Inneren.

Die Kirche erhebt sich über einem massiven Sockel, in dem Veranstaltungsräume, ein Pfarrsaal und die Bibliothek untergebracht sind. Der hohe, pfeilerartige Turm steht frei an der Nordflanke.

Oben und rechts: **Köln,** St. Engelbert, Dominikus Böhm, 1930–32, Innenraum und Außenansicht.

Aachen, St. Fronleichnam

Rudolf Schwarz, ein Meisterschüler von Hans Poelzig, ist der zweite große Kirchenbauer im Deutschland der 1930er Jahre und der unmittelbaren Nachkriegszeit. Ähnlich wie Böhm, mit dem er befreundet war und gelegentlich gemeinsam Entwürfe erarbeitete, ging es ihm um die »eine neue Raumform«, in der unterschiedliche Funktionen gemeinsam erlebbar würden. Anders als bei seinem älteren Kollegen überwiegen in der Architektur von Schwarz jedoch Rationalität und Strenge; mystische Licht- und Rauminszenierungen blieben ihm stets fremd.

Die St. Fronleichnamskirche in Aachen-Rothe Erde ist Ausgangspunkt für Schwarz' gesamtes späteres Schaffen. In einem langwierigen und widersprüchlichen Entwurfsprozess gelangte er zu einer provozierend schlichten, ja asketischen Lösung, einer Art »Werkhalle Gottes«: Die Kirche präsentiert sich als schlichter Kastenraum; einziger »Schmuck« sind die fünf bzw. zwölf Fenster der Langhauswände, durch die diffuses Licht in das Innere eindringt. Die mit Sprossen versehenen Öffnungen lassen die Masse der weißen Betonmauern vergessen – die Wand wird zur durchlässigen Membran zwischen innen und außen, Diesseits und Jenseits.

Nach Ende des Zweiten Weltkriegs wurden so viele Kirchen errichtet wie nie zuvor; Rudolf Schwarz avancierte zum meist beschäftigten Kirchenbaumeister Deutschlands. Er blieb seinen Forderungen treu, obwohl die Askese der frühen Bauten eher belebten Strukturen wich.

Oben und links: **Aachen,** St. Fronleichnam, Rudolf Schwarz, 1929–30, Blick in den Innenraum und Außenansicht.

Ronchamp, Notre-Dame-du-Haut

Notre-Dame-du-Haut in Ronchamp ist ein Meilenstein modernen Sakralbaus und ein Meisterwerk der Architektur des 20. Jahrhunderts. Der an sich nonkonformistische Charles-Édouard Jeanneret, genannt Le Corbusier, schuf mit der Wallfahrtskirche eine begehbare Skulptur, eine Stätte der Meditation, die organisch in die hügelige Landschaft der Franche-Comté eingebunden ist. Dominierendes Element ist das kühn geschwungene Betondach, das sich von den weißen Natursteinwänden effektvoll absetzt. Den ebenfalls weiß gehaltenen Innenraum prägt eine kontemplative Stimmung, die durch farbige Lichtschlitze in den Wänden hervorgerufen wird.

Oben und rechts: **Ronchamp,** Wallfahrtskirche Notre-Dame-du-Haut, Le Corbusier, 1953–55, Innenraum und Gesamtansicht.

Audincourt, Sacré-Cœur

Oben und unten: **Audincourt,** Sacré-Cœur, Maurice Novarina (Architektur), Fernand Léger, Jean Bazaine, Jean Barrilet u. a. (Ausstattung), 1949–51, Innenansichten des Kirchenraums und der Taufkapelle.

Das Zusammenspiel der Künste im modernen Kirchenraum beschäftigte die französischen Dominikaner, die mit ihrer Zeitschrift *L'Art Sacré* den Sakralbau des späteren 20. Jahrhunderts prägen. Verstärkt wurden nun avantgardistische Künstler mit dem Schmuck der Kulträume beauftragt; manche hatten nie zuvor Werke christlichen nhalts geschaffen.

Die Herz-Jesu-Kirche in Audincourt ist eines dieser modernen »Gesamtkunstwerke«: Renommierte Maler konnten zu ihrer Ausgestaltung gewonnen werden: Fernand Leger entwarf u. a. den umlaufenden Fensterfries aus Betonglas, der die Passionswerkzeuge paraphrasiert. Dasselbe Medium – gepresste, durchgefärbte Glasflächen, die durch Betonstege verbunden sind – wählte uch Jean Bazaine für den Zylinder der Taufkapelle; hier steht das lebendige Wasser im Mittelpunkt.

Betonglas wurde in den 1950/60er Jahren zum bevorzugten Gestaltungsmittel des Sakralbaus: Mit seiner Hilfe ließen sich große Flächen ls leuchtende Glaswände öffnen.

Berlin, Kaiser-Wilhelm-Gedächtniskirche

Zum Symbol des Wiederaufbaus nach den Zweiten Weltkrieg wurde ein Werk des Berliners Egon Eiermann: die neue Kaiser-Wilhelm-Gedächtniskirche im Westen der geteilten Stadt. Eiermann, der sich auf der Expo 1958 in Brüssel mit einem konsequent modernen deutschen Pavillon profilierte, gewann auch den Wettbewerb um die Rehabilitation des zeichenhaften Monuments.

Ein für damalige Verhältnisse provozierend schlichtes Oktogon und ein frei stehender prismatischer Glockenturm flankieren die Ruine des kriegszerstörten neoromanischen Baus, der als Mahnmal erhalten blieb. Eiermanns kompromisslose Architektur wirkt dabei vor allem nach innen: Die zwischen Stahlskelette eingehängte Betonwaben-Fassaden sind mit blauen Scheiben gefüllt, die eine abschirmende, beinahe mystische Atmosphäre erzeugen. Der kontemplative Innenraum steht in fühlbarem Kontrast zu der umgebenden Verkehrswüste der Innenstadt.

Gegenüber: **Lichtensteig,** St. Gallus, Walter Maria Förderer, 1968–70, Gesamtansicht und Blick in den Innenraum.

Oben: **Neviges,** Wallfahrtskirche Maria Königin des Friedens, Gottfried Böhm, 1963–68, Innenansicht.

Neviges, Wallfahrtskirche

Wie eine trutzige »Glaubensburg« ragt die Wallfahrtskirche Maria Königin des Friedens im Herzen des rheinischen Städtchen Neviges auf. Sie ist Werk des Kölner Architekten Gottfried Böhm, des Sohnes des expressionistischen Architekten Dominikus Böhm. Tatsächlich steht der eigenwillig scharfkantige und schroffe Bau in der Tradition der kristallinen Gebilde und mystischen Raumschöpfungen der Expressionisten, in seiner Monumentalität und Plastizität drückt sich jedoch eine modernere, weit »bodenständigere« Haltung aus. Böhms bahnbrechendes Werk gilt als Höhepunkt einer Strömung, die unter dem Namen »Brutalismus« in die Architekturgeschichte eingegangen ist. Trotz der rohen Betonmassen überrascht dabei die sensible Behandlung der sandgestrahlten Oberflächen – sie verleihen dem Bau skulpturale Qualität.

Die Wallfahrtskirche von Neviges ist einer der größten Kirchenräume der Nachkriegszeit. In den Jahren 1963 bis 1968 errichtet, reagierte sie mit ihrer zentralisierenden Konzeption auf die Verordnungen des 2. Vatikanischen Konzils, in denen die Abkehr vom längsgerichteten Sakralraum gefordert wurden. So ist das Innere als eine Art »sakraler Marktplatz« aufgefasst, auf dem das »pilgernde Gottesvolk« den verschiedenen Kulthandlungen aktiv beiwohnen kann. Das Motiv der »Bewegung« bestimmt die gesamte Anlage: So zieht sich ein »Pilgerweg« vom Bahnhof der Stadt über wellenförmige Treppenanlagen bis hin zum Heiligtum, dem Ziel der Wanderschaft.

Lichtensteig, St. Gallus

Als monumentale Skulptur sind auch die Sakralbauten des Schweizers Walter Maria Förderer zu verstehen. Der Bildhauer und Architekt, der seine Bauten als »Kathedralen« bezeichnete, bevorzugte kubische, meist rechtwinklige Formen, die dramatisch, fast aggressiv, in den Raum vordringen. Dominierendes Material ist der Sichtbeton, dem durchaus haptische Qualitäten abgerungen werden.

In der Galluskirche in Lichtensteig (St. Gallen) ist der Innenraum durch ein verwirrendes System von Deckenbalken überspannt; sie bilden einen lebendigen Gegenpol zu dem kargen, nüchtern möblierten Kultraum. Auf die Differenzierung von Chor, Altar- und Predigtraum ist, der Liturgiereform folgend, verzichtet.

Förderers Kirchen, die später auch im Innenraum mit Betonteilen kraftvoll modelliert werden, waren extrem schwierig zu konstruieren: Zuweilen musste ein detailliertes Modell als Ausführungshilfe dienen.

Oben und rechts: **Vaals,** St. Benediktenberg, Anlage von Dominikus Böhm 1922, Erweiterung durch Hans van der Laan, 1950er Jahre bis 1986, Krypta und Treppenanlage.

Vaals, St. Benediktenberg

Der Benediktinermönch Hans van der Laan wurde in den 1950er Jahren mit dem Bau der Klosterkirche im holländischen Vaals beauftragt. Sie sollte den von Dominikus Böhm 1922 entworfenen Konvent erweitern.

1962 konnten die Krypta, 1986 Bibliothek und Sakristei fertig gestellt werden. Deutlich ist der Wunsch nach einer klaren, baumeisterlichen Formensprache zu erkennen; Rückgriffe auf historische Modelle verbinden sich mit der Eleganz zeitloser Klassik.

München, Herz Jesu

Das Ende des zweiten Jahrtausends stand im Zeichen einer »Resakralisierung« des Kirchenbaus: 1998 errichtete das Architektenteam Allmann Sattler Wappner in München einen avantgardistischen Bau, der zugleich spirituelle Werte verkörpert: Herz-Jesu präsentiert sich als ein das Tageslicht filternder Glaskubus, der eine zweite, nun hölzerne Raumhülle – den eigentlichen Altarraum –, schreinartig fasst. Haushohe blaue Portale mit Flügeln, die einem aufgeschlagenen Buch ähneln, empfangen den Besucher und geleiten ihn zum Altar.

Rechts und unten: **München,** Herz Jesu, Architektengemeinschaft Allmann Sattler Wappner, 1998, Innenansichten und Westfassade.

Abbildungsverzeichnis

Abbildungsnachweis

S. 10: Scala, Florenz
S. 72 oben rechts: Joseph Martin, Madrid
S 130–131: Markus Hilbich, Berlin
S. 136–137: Florian Monheim, Bildarchiv Monheim, Krefeld
S. 148: Scala, Florenz
S. 215: A. F. Kersting, London
S. 242: Zugmann Fotografie KEG, Wien

Alle übrigen Fotos: Achim Bednorz, Köln

IOHĀNES·ORICELLARIV